Rome

Textes de
Luca Mozzati

Electa

Sommaire

Les collines : le Quirinal, l'Esquilin, le Latran, le Cælius

Trastevere

Le Vatican

Les Remparts d'Aurélien

Plan
de la ville,
p. 158

La zone archéologique centrale

Le Capitole

On accède au Capitole par la salite conçue par Michel-Ange, dont l'allure solennelle contraste avec l'ascétique escalier médiéval qui conduit à l'église de l'Aracœli. La salite s'ouvre magnifiquement sur la place, où le grand artiste réalisa une perspective inversée visant à souligner le rôle du palais des Sénateurs. La superbe balustrade ornée de statues antiques fut elle aussi pensée par de Michel-Ange. Le sol, qui présente un dessin en ellipse dont la remarquable force centrifuge est centrée sur la base de la statue, fut refait en 1940 suivant la conception de Michel-Ange. Le *Monument équestre de Marc Aurèle*, autour duquel Michel-Ange avait dessiné la place, est aujourd'hui remplacé par une copie. L'original se trouve depuis 1990 dans le musée capitolin du Palazzo Nuovo afin d'en assurer la conservation. La place est fermée par la façade du palais du Sénat, commencé par Michel-Ange et achevé par Giacomo Della Porta et Girolamo Rainaldi en 1605. Le palais se dresse sur les vestiges du *Tabularium* – déjà englobés par le bâtiment médiéval – qui fut érigé par Sylla en 78 av. J.-C. pour accueillir les archives de l'État. Le palais des Conservateurs et le palais Capitolin furent projetés par Michel-Ange en 1563, mais achevés un siècle plus tard non sans avoir subi quelques modifications. Les façades sont rythmées par d'imposants pilastres corinthiens qui se projettent dans l'espace vide de la galerie inférieure dont la continuité est due aux architraves rectilignes contrastant avec le plein de la partie supérieure, à son tour dynamisée par les grandes fenêtres de la façade. L'imposante corniche et la balustrade qui la domine complètent parfaitement les volumes sous-jacents.

Ces deux palais abritent les musées capitolins dont le noyau principal, qui remonte à la donation effectuée par Sixte IV en 1471, constitue la plus ancienne collection du monde.

Le revêtement de la place du Capitole, refait en 1940

Monument équestre de Marc Aurèle (copie de l'original du IIe siècle ap. J.-C.)

Vue de la salite scénographique qui conduit jusqu'à la place, et statue de l'un des Dioscures

Les Musées Capitolins : le Palais des Conservateurs

Dans la cour, se trouvent les fragments colossaux d'une *Statue de Constantin*, mesurant à l'origine 12 mètres, et qui était placée dans l'abside de la Basilique de Maxence. La tête constitue un exemple extraordinaire de l'art du portrait au IVᵉ siècle, caractérisé par une brutalité réaliste, par une simplification expressive visant à rendre la puissance semi-divine du regard de l'Empereur. La salle des Triomphes abrite deux des bronzes antiques les plus célèbres : le *Spinario* (Tireur d'Épines), une œuvre raffinée de la fin de la période hellénistique (Iᵉʳ siècle av. J.-C.) dont la tête provient d'un original grec du Vᵉ siècle av. J.-C., et l'intense portrait viril plus connu sous le nom de *Brutus* du Capitole. Dans la salle suivante, on peut voir la *Louve* du Capitole, une statue d'origine étrusco-italique aux influences grecques (début du Vᵉ siècle av. J.-C.) à laquelle furent ajoutés au XVᵉ siècle – peut-être par Pollaiolo – les jumeaux Romulus et Rémus. Dans le palais des Conservateurs, sont également rassemblées les sculptures retrouvées dans les célèbres jardins du consul Lamia, les *Horti Lamiani*. Parmi les pièces les plus prestigieuses, citons : le buste de *Commode en Hercule* (193-180 av. J.-C.) ; la colossale *Tête en bronze de Constantin II*, qui renvoie aux portraits de la dernière période de la vie de l'empereur ; la statue de *Marsyas*, superbe copie romaine d'un l'original grec du IIᵉ siècle av. J.-C.

Fragment de la Statue colossale de Constantin, *début du IVᵉ siècle* Palais des Conservateurs, *cour*

Le Tireur d'Épines *Iᵉʳ siècle av. J.-C., avec la tête d'un original grec du Vᵉ siècle av. J.-C.* Palais des Conservateurs, *salle des Triomphes*

Louve du Capitole, *début du Vᵉ siècle av. J.-C.* Palais des Conservateurs, *salle de la Louve*

Brutus du Capitole, *IIIᵉ-IIᵉ siècle av. J.-C.* Palais des Conservateurs, *salle des Triomphes*

Les Musées Capitolins : le Palazzo Nuovo

La *Statue équestre de Marc Aurèle* est l'un des rares bronzes antiques parvenus jusqu'à nous ; depuis sa restauration, elle est abritée dans une salle protégée par une vitre et donnant sur la cour du palais du Capitole.

Érigée, peut-être en 166, dans la villa du Latran de Domitie Lucille, mère de l'empereur, elle fut placée au Capitole en 1538 à l'initiative de Michel-Ange. L'empereur philosophe y est représenté alors qu'il s'adresse au peuple, le visage empreint d'une sage bienveillance. Sous la patte antérieure droite du cheval se trouvait à l'origine un barbare vaincu.

Les collections du musée sont d'une importance exceptionnelle. Signalons entre autres : l'*Aurore à l'arc*, d'après une statue originale de Lysippe ; la *Mosaïque des masques de théâtre* (IIe siècle ap. J.-C.) ; la *Vénus du Capitole* exceptionnelle de la *Vénus de Cnide* (IIIe siècle av. J.-C.) ; la salle des Empereurs, présentant soixante-sept bustes d'empereurs romains disposés en ordre chronologique, qui permet d'analyser l'évolution de l'art du portrait ; la salle des Philosophes, où l'on peut admirer soixante-dix-neuf bustes de philosophes et de poètes ; l'*Amazone blessée*, excellente copie de l'original de Crésilas (milieu du Ve siècle av. J.-C.) ; le *Satyre au repos*, œuvre célèbre pour la description naturaliste des membres abandonnés du satyre vaincu par l'ivresse – cette statue est issue d'un prototype de Praxitèle ; le *Galate mourant* (après 228 av. J.-C.), dont le superbe modelé décrit de manière touchante la fierté orgueilleuse, vaincue mais insoumise, de l'ennemi défait.

Palazzo Nuovo, salle des Empereurs

Mosaïque des masques de théâtre, IIe siècle ap. J.-C. Palazzo Nuovo, salle des Colombes

Monument équestre de Marc Aurèle, *161-180 ap. J.-C. Palazzo Nuovo, cour*

Santa Maria in Aracœli

Les cent vingt-deux marches de l'escalier en pente raide (inauguré en 1348 par Cola di Rienzo), s'achèvent devant la sobre façade en briques (XIIIᵉ siècle) de l'église de l'Aracœli. Cette perspective constitue l'un des moments urbanistiques et architecturaux les plus importants de la Rome médiévale. D'après la tradition, l'église fut érigée par Grégoire le Grand sur le temple de *Juno Moneta* (la Monnaie romaine). Le nom d'Aracœli dérive de la légende selon laquelle la Vierge serait apparue à Auguste. Le bâtiment actuel est le fruit d'une reconstruction, peut-être réalisée par Arnolfo di Cambio pour le compte des franciscains, reconstruction qui comporta l'introduction d'un transept dans le plan basilical à trois nefs. Par la suite, l'église fut l'objet d'autres remaniements (modification des absides, ajout des chapelles). L'intérieur, à trois nefs, est divisé par de belles colonnes antiques ; le plafond est formé de caissons en bois (1572-1575) et le pavement, élégamment orné d'une décoration cosmatesque (XIIIᵉ-XIVᵉ siècle), est ponctué de nombreuses pierres tombales. Parmi les œuvres d'art, citons le superbe *Monument funéraire du cardinal Ludovic d'Albret* de Andrea Bregno (après 1465) et la *Pierre tombale de Giovanni Crivelli* – œuvre de Donatello qui, bien que détériorée, n'a rien perdu de sa puissance (1432-1433). Dans la première chapelle située à droite du portail, on peut voir les *Histoires de saint Bernardin*, un cycle de fresques riches de détails exécuté par Pinturicchio en 1486. Toujours du même côté, la cinquième chapelle abrite les *Histoires de saint Matthieu* de Girolamo Muziano, s'inspirant des préceptes de la contre-réforme (1586-1589) ; dans le transept de droite, le *Sépulcre de Luca Savelli*, peut-

être réalisé par Arnolfo di Cambio auquel on doit la représentation, à la fois douce et puissante, de la *Vierge et l'Enfant* (1287). La décoration cosmatesque (XIIᵉ siècle) a été reconstituée sur les piliers du presbytère, tandis que dans le transept de gauche, un édicule gothique présentant une fresque attribuée à Cavallini abrite le *Monument du cardinal Matteo d'Acquasparta* de Giovanni di Cosma (fin du XIIIᵉ siècle).

Santi Luca e Martina

Cette église fut bâtie par Pierre de Cortone, qui réalisa là non seulement son chef-d'œuvre mais aussi un bâtiment fondamental dans l'histoire de l'architecture (1635-1664). La façade, haute et étroite, est légèrement convexe ; la projection des piliers latéraux et des doubles colonnes crée un effet de compression qu'accentue le jeu plastique des colonnes, des entablements et des autres éléments architecturaux, conçus comme s'ils se superposaient sur un rythme rapide. Le recours à l'ordre architectural est extrêmement libre : au premier étage, on a l'impression que les colonnes s'enfoncent dans le mur, tandis que dans les registres supérieurs, les piliers correspondants se projettent vers l'avant. Le tout contribue à créer l'impression de forces qui se conjuguent et que la haute coupole – parcourue de nervures et animée par les curieux tympans des fenêtres – semble presque libérer vers le ciel. Cette articulation permet une compréhension de la structure interne, conformément à la conception baroque associant indissolublement l'espace architectural et l'environnement extérieur. L'intérieur, qui présente un plan en croix grecque, est totalement blanc. La définition de l'espace est ainsi entièrement confiée aux colonnes qui, bien qu'insérées dans l'épaisseur des murs absidaux, se projettent telles des charnières dans les piliers complexes soutenant la coupole. Ici, la plasticité du langage architectural se fond dans le luminisme vibrant des pendentifs en stuc de la décoration. La conception classique de la Renaissance, qui fait de l'élément mural la limite et la mesure de l'espace, semble ainsi se dissoudre.

Santa Maria in Aracœli, XIIIᵉ siècle

Pinturicchio, Enterrement de saint Bernardin, *1486 Santa Maria in Aracœli, chapelle Bufalini*

Pierre de Cortone, Santi Luca e Martina, 1635-1664

*Le Forum romain
vu du* Tabularium

*Basilique
Émilienne,
179 av. J.-C. -
Ier siècle ap. J.-C.
Forum romain*

*Curie Julienne,
intérieur,
Ier siècle av. J.-C. -
III^{er} siècle ap. J.-C.
Forum romain*

pages 16-17

*Vue d'ensemble du
Forum romain*

Le Forum romain

Itinéraire archéologique par antonomase, le Forum s'articule le long des rues qui traversent les lieux les plus « sacrés » de la légende et de l'histoire de Rome. Entre le Xe et le IXe siècle av. J.-C., la vallée du futur Forum était une zone marécageuse et insalubre, servant de nécropole aux habitants des villages situés sur le Capitole et le Palatin. Vers la fin du VIIIe siècle av. J.-C., on cessa d'y enterrer les morts et le périmètre fut revêtu de terre battue, signe qu'il faisait désormais partie d'un seul et même centre urbain. Cette donnée archéologique coïncide avec la tradition indiquant l'an 616 av. J.-C. comme le début de la dynastie des Tarquins, auxquels on attribue de nombreux travaux publics, parmi lesquels la réalisation du canal de la *Cloaca Maxima* servant à assainir la vallée. Après la victoire sur Carthage et la transformation de Rome en capitale de la Méditerranée, le Forum fut lui aussi adapté aux nouvelles exigences de l'apparat avec la construction de quatre basiliques et la rénovation des principaux temples, ce qui contribua à accentuer le caractère administratif du quartier. Plus tard, Auguste acheva l'œuvre, commencée par Sylla et poursuivie par César, de réglementation urbanistique, faisant de la tradition un élément fondamental pour la conquête et le maintien du consensus social. La construction des nouveaux Forums impériaux relégua en effet le Forum républicain à la fonction de décor monumental destiné à exalter les fastes et le prestige de la dynastie. En dépit de multiples transformations, le Forum continua de jouer ce rôle durant toute l'époque impériale, ceci jusqu'en 608, année où fut érigée la colonne de l'empereur Phocas, le dernier monument romain. À partir de ce moment, le périmètre s'enterra progressivement et les monuments, hormis ceux qui avaient été christianisés, disparurent. Au Moyen Âge, le Forum était désormais devenu le *Campo Vaccino*, le champ des vaches. Jusqu'au XVIIIe siècle, les monuments les plus importants furent utilisés comme forteresses, carrières ou fabriques de chaux éteinte. Seules les explorations du XVIIIe et les premières fouilles systématiques au début du XIXe changèrent une nouvelle fois la destination du périmètre.

La Basilique Émilienne

Fondée en 179 av. J.-C. par les censeurs Aemilius Lepidus et Fulvius Nobilior, la basilique fut plusieurs fois restaurée et reconstruite par Auguste. Elle était utilisée pour poursuivre en hiver les activités du forum : tribunaux, tractations économiques et politiques. La partie donnant sur le Forum, d'une longueur d'environ cent mètres, présentait une façade comprenant deux étages superposés formés de seize arcades, ouvrant au rez-de-chaussée sur autant de boutiques. La salle intérieure (90 × 29 mètres), accessible par trois entrées, était divisée en quatre nefs par des colonnes en marbre et somptueusement décorée. Au sol, on distingue encore aujourd'hui l'empreinte des pièces de monnaie qui fondirent lors de l'incendie provoqué par Alaric en 410.

La Curie Julienne

La construction de ce grand bâtiment en briques, siège du Sénat, fut commencée par César et achevée par Auguste ; la Curie, rebâtie par Dioclétien puis transformée en église au VIIe siècle, fut enfin restaurée en 1930-1936. L'intérieur, grandiose, recouvert d'un plafond en bois, fait 21 mètres de haut, 18 mètres de large et 27 mètres de long. Le sol en

marbre est en partie d'origine. Les sièges d'environ trois cents sénateurs étaient disposés sur les trois rangées de gradins. Dans le bâtiment se trouvent la superbe statue en porphyre (figurant peut-être Trajan) et les « chancels » de Trajan, qui faisaient probablement partie d'un enclos du Forum dont ils illustrent, avec l'efficacité de la frise continue, la vie quotidienne : la remise des arriérés fiscaux aux citoyens à travers la destruction des registres, l'institution des *Alimenta* (prêts agricoles à taux d'intérêt réduit) et la cérémonie religieuse des *Suovetaurilia*.

L'Arc de Septime Sévère

Cet arc (21 × 23 × 11 mètres), érigé en 203, présente trois arcades communicantes et était surmonté d'un quadrige en bronze. L'extérieur, scandé par des colonnes cannelées d'ordre composite sculptées en ronde-bosse, est entièrement revêtu de marbre ; le cœur de l'arc est en travertin et en briques. Sur les deux côtés de l'attique figure une imposante inscription célébrant les victoires sur les Parthes et l'Adiabène réalisées par Septime Sévère et ses deux fils, Caracalla et Geta (la partie relative à ce dernier fut effacée lorsque son frère, après l'avoir assassiné, en décréta la *damnatio memoriae*). La riche décoration comprend des Victoires, des déesses et toutes sortes de divinités, une petite frise figurant le triomphe de l'empereur, des soldats romains avec des prisonniers parthes (à la base des colonnes), mais surtout les quatre grands panneaux illustrant les batailles parthiques. La disposition sur différents registres s'inspire des peintures figurant les campagnes militaires et les troupes qui défilaient lors du triomphe des généraux victorieux.

Arc de Septime Sévère, vu du nord-est, 203 ap. J.-C. Forum romain

Voie Sacrée et face sud-ouest de la Basilique Julienne, 1er siècle av. J.-C. - 1er siècle ap. J.-C. Forum romain

La Basilique Julienne

Cette basilique était le bâtiment le plus grand et le plus fastueux du Forum (101 × 49 mètres). Érigée par César, elle fut achevée par Auguste et restaurée par Domitien. La salle centrale (82 × 18 mètres) était entourée par une double rangée de piliers en brique et en travertin (en partie reconstruits) qui divisaient la salle en cinq nefs.

L'aire de la Basilique Julienne vue du Capitole

L'Aire consacrée à Vesta

Cette aire est dominée par les vestiges, largement restaurés, du temple de Vesta. Le sanctuaire, parmi les plus vénérés, abritait le « feu sacré » symbolisant l'État.

L'aspect actuel des lieux – à savoir un temple circulaire doté de vingt colonnes corinthiennes qui se dressent sur un haut socle dont on peut encore apercevoir des restes – remonte à Septime Sévère.

À l'origine il s'agissait certainement d'une simple cabane, dont la structure fut reprise par la construction suivante. Une cavité du podium a été assimilée au *Penus Vestae*, lieu sacré où étaient conservés les objets garants de la puissance romaine, parmi lesquels le *Palladion* qu'Enée avait ramené de Troie. Quelques marches permettent d'accéder à la maison des Vestales, le collège des prêtresses chargées du feu sacré fondé par Numa Pompilius.

Le bâtiment, entièrement en brique, s'articule autour d'une cour rectangulaire au centre de laquelle s'ouvre un bassin primitivement entouré d'un portique orné des statues des grandes vestales.

Le Temple d'Antonin et Faustine

Ce temple, fort bien conservé, fut érigé suite à un décret du Sénat (141) à l'occasion de la mort et de la divinisation de Faustine, épouse d'Antonin le Pieux, auquel il fut également consacré après le décès de ce dernier.

Introduit par un portique à six colonnes, il s'érige sur un haut podium précédé d'un grand escalier. Les colonnes corinthiennes de marbre cipolin, de 17 mètres de haut, présentent des cannelures à l'endroit où furent placées des cordes, tirées par des bœufs, dans la vaine tentative de les desceller. La *cella* est de type italique, ornée d'une superbe frise en marbre, typique du classicisme hiératique de l'époque antonine. Au VIIIe siècle, le temple fut transformé en église et consacré à San Lorenzo in Miranda.

*Temple de Vesta,
fin du IIe siècle
ap. J.-C.
Forum romain*

*Vue du Palatin
au crépuscule*

*Temple d'Antonin
et Faustine,
141 ap. J.-C.
Forum romain*

Le Palatin

D'après la légende, Hercule et, plus tard, Énée auraient trouvé sur le Palatin un groupe d'immigrés grecs. Les récentes découvertes attestent la présence de marins et de commerçants grecs à une époque précédant la colonisation de l'Italie méridionale. En outre, la découverte de cabanes de l'âge du Fer confirme également la tradition attribuant la fondation de la ville à Romulus.

Depuis la période archaïque, la colline était consacrée à d'importantes cérémonies religieuses, telles que les Lupercales liées à la fécondité, et à des cultes très anciens comme ceux de la *Magna Mater*, d'Apollon ou de Vesta. Avec l'avènement de la République, la classe dirigeante s'y installa.

Après qu'Auguste eut décidé d'y établir sa résidence, le Palatin devint la demeure des empereurs et s'enrichit de palais toujours plus vastes et fastueux.

À la fin de la période impériale, la colline tout entière était désormais devenue un seul et vaste ensemble, au point que le terme *palatinum*, par lequel on désignait le périmètre, finit par devenir synonyme de palais.

Après plusieurs siècles d'abandon, la colline fut redécouverte à la Renaissance par les patriciens qui y bâtirent leurs villas.

Vers le milieu du XVIe siècle, elle fut transformée sur l'ordre d'Alexandre Farnèse qui en fit le premier jardin botanique du monde (1625) : les Jardins Farnèse. Après deux siècles de

fouilles visant à retrouver les « trésors » enfouis, il ne reste plus grand-chose de ce lieu de délices, qui intégrait poétiquement les éléments du palais impérial.

Les vestiges historiques, la majesté des ruines et l'ampleur du panorama font de la visite du Palatin l'un des itinéraires les plus fascinants de la capitale.

La Maison d'Auguste, 1er siècle ap. J.-C.

L'un des nymphées du Palais des Flaviens, 1er siècle ap. J.-C.

La Maison de Livie et la Maison d'Auguste, 1er siècle av. J.-C.

Le Palais des Flaviens et la Maison d'Auguste

Ce gigantesque palais impérial fut bâti pour le compte de Domitien par l'architecte Rabirius entre 81 et 96 ap. J.-C. On appelle communément « Palais des Flaviens » l'espace d'apparat, et « Maison d'Auguste » les parties privées. L'entrée actuelle donne sur un vaste péristyle rectangulaire avec au centre un bassin octogonal autrefois décoré par une fontaine labyrinthique fort scénographique. À gauche, on accède à l'immense *Aula Regia*, où l'Empereur donnait audience, et encore plus à gauche, à la basilique absidée à trois nefs où se tenaient les plaidoiries. Le côté sud du péristyle donne sur le très riche *triclinium* impérial, flanqué de deux superbes fontaines dont il ne reste que celle de droite.

Du péristyle du Palais des Flaviens on accède à celui, encore plus spectaculaire, de la Maison d'Auguste, entouré à son tour d'un quadriportique et orné d'un énorme bassin, au centre duquel se trouve une île à laquelle on accède par un pont. Sur celle-ci se dressait autrefois un petit temple idyllique. Le côté sud donne sur les appartements privés, obtenus en partie en creusant perpendiculairement la colline, ce qui a permis de sauver quelques salles s'articulant autour d'une cour flanquée de nymphées au centre desquels trône un bassin.

L'Hippodrome de Domitien

L'immense fosse de l'hippodrome est dominée par la tribune impériale. On peut encore y distinguer, sur la gauche, l'une des extrémités de la *spina*. La curieuse enceinte ovale semble remonter à l'époque de Théodoric (V^e-VIe siècle ap. J.-C.). Au-delà de l'hippodrome se dressent les impressionnantes ruines du palais, agrandi pour la dernière fois par Septime Sévère, dont on peut voir également les substructions en briques.

La Basilique de Maxence

Cette basilique colossale fut commencée par Maxence en 306 et achevée par Constantin après 312. L'entrée d'origine, sur le côté oriental, fut à cette occasion déplacée sur la face sud, ce qui en changea l'orientation. Le bâtiment est divisé en trois nefs par huit piliers flanqués – au niveau de la nef centrale – par autant de colonnes cannelées en marbre cipolin de plus de 14 mètres de haut. Ces dernières, qui soutenaient une voûte d'arêtes s'articulant sur trois travées, culminaient à 35 mètres de haut. Dans l'abside, se trouvait la *Statue colossale de Constantin*, aujourd'hui au palais des Conservateurs. La seule colonne parvenue jusqu'à nous fut transférée par Paul V devant Sainte-Marie-Majeure en 1613. La petite nef de la face nord, la seule ayant résisté au tremblement de terre qui détruisit le bâtiment au IXe siècle, présente encore les étonnantes voûtes en berceau du plafond à caissons (d'une portée de 20,5 mètres et d'une hauteur de 24,5 mètres) qui impressionnèrent les artistes de la Renaissance et inspirèrent Bramante lors de la conception de Saint-Pierre.

Le Colisée

L'amphithéâtre Flavien fut réalisé par Vespasien qui souhaitait rendre à la population le périmètre que Néron avait transformé en lac et inclu dans son immense Maison Dorée. La construction fut inaugurée par Titus en 80 ap. J.-C. avec des jeux qui durèrent cent jours et au cours desquels furent massacrées cinq mille bêtes sauvages afin de satisfaire la population. Les travaux furent ensuite achevés par Domitien. Transformé en forteresse au Moyen Âge, le Colisée fit office de carrière où l'on procéda à l'extraction de toutes sortes de matériaux jusqu'au milieu du XVIIIᵉ siècle, lorsque Benoît XIV décida de le consacrer à la Passion du Christ et d'en faire un chemin de croix. Depuis, il fut soumis à plusieurs restaurations, parfois exemplaires, comme l'intervention réalisée par Stern qui bloqua à l'aide d'un éperon en briques les arcades instables.

Le Colisée, bâti en *opus quadratum* de travertin pour l'extérieur et les principales structures porteuses, et de tuf, briques et ciment pour les parties restantes, présente une forme elliptique, avec un grand axe de 188 mètres et un petit axe de 156 mètres. L'extérieur est scandé par trois étages de quatre-vingts arcades sur piliers, flanquées de demi-colonnes (toscanes, ioniques et corinthiennes). Le tout est surmonté par un attique orné de pilastres corinthiens couronnés de consoles, pour une hauteur totale de 48,50 mètres. Dans le revêtement en pierre de l'attique, on distingue encore les emplacements destinés aux mâts de l'énorme toile servant à protéger les spectateurs et dont le déploiement nécessitait la collaboration d'environ mille marins expérimentés.

On accédait à la *cavea* par un ensemble de rampes et de couloirs internes donnant sur les *vomitoria* à partir desquels on rejoignait les gradins.

La *cavea* était divisée suivant le rang social des spectateurs : les gradins inférieurs réservés aux patriciens étaient en marbre, tandis que les derniers, réservés à la plèbe, étaient en bois et séparés des autres par un mur élevé. L'arène (86 × 54 mètres) séparée de la *cavea* par un podium et une balustrade, était couverte d'un plancher semé de trappes qui permettaient l'entrée des fauves.

Selon les estimations, la capacité de l'arène oscillait entre 40 000 et 73 000 spectateurs.

Colisée,
fin du 1ᵉʳ siècle
ap. J.-C.

Colisée,
la cavea *vue*
du côté nord

Colisée,
vue des souterrains

Colisée,
souterrains,
couloir des
monte-charges

L'Arc de Constantin

Cet arc à trois arcades de 25 mètres de haut est le dernier, le plus important et le mieux conservé des arcs de triomphe romains. Jusque récemment, il a été considéré comme un « centon », réalisé sur l'ordre du Sénat en récupérant les reliefs d'autres monuments consacrés à Constantin. Une récente restauration (1982-1987) a démontré qu'il s'agissait en réalité d'une œuvre magistrale de l'époque d'Hadrien (première moitié du IIe siècle ap. J.-C.). Les éléments remontant au IVe siècle ne concernent donc que l'atrium dédié à l'empereur, pour lequel furent effectivement réemployés des bas-reliefs de l'époque de Trajan et d'Aurélien et au sein duquel furent insérées d'autres sculptures historiques renvoyant à des épisodes de la vie de Constantin. Les différents reliefs constituent une expression extraordinaire de la sensibilité et de la culture de chacune des époques concernées : les sculptures remontant au temps de Trajan se distinguent par leur approche vigoureusement dramatique et la richesse du pathos ; les sculptures de l'époque d'Hadrien présentent un classicisme parcouru d'inquiétudes romantiques ; les statues de l'époque d'Aurélien sont caractérisées par la dissolution de la masse plastique dans des formes picturales ; quant aux reliefs de Constantin, ils proposent un langage anti-classique, brutalement expressif, grossièrement stéréométrique.

Arc de Constantin,
IIe-IVe siècle ap. J.-C.

La *Domus Aurea*

De loin la plus grande demeure impériale, la Maison Dorée de Néron occupait un périmètre immense compris entre le Circus Maximus, Saint-Pierre-aux-Liens, la piazza Vittorio Emanuele II et le Cælius. Elle fut construite par Severus et Celer pour le compte de Néron après l'incendie de 64 ap. J.-C. Le secteur parvenu jusqu'à nous (300 × 100 mètres) servit de substruction aux thermes de Trajan. La découverte fortuite des salles décorées, survenue à la Renaissance, permit aux artistes de connaître directement la riche décoration antique. Le terme « grotesque » naquit donc pour désigner ce que l'on pensait être des peintures hypogées.

Le secteur fouillé est constitué d'une grande cour longée de portiques et dotée d'un cryptoportique sur l'un des côtés. Au centre, une fontaine, et sur la face est, un nymphée aux voûtes couvertes de pierres ponce évoquant des grottes naturelles. Les voûtes surmontant la cour remontent à la construction des thermes. Les salles de la face sud, aujourd'hui sombres et humides, abritaient l'alcôve impériale et d'autres pièces privées donnant sur le lac situé en contrebas (à l'endroit où se trouve aujourd'hui le Colisée). Certaines salles présentent encore des traces de peinture, souvent d'une très grande qualité, aujourd'hui hélas très abîmées, caractérisées par des couleurs chatoyantes et une touche fluide et empâtée, que l'on peut attribuer au grand Fabullus. La célèbre salle dorée, qui ouvrait sur une grande cour pentagonale, est en assez mauvais état. Dans le cryptoportique suivant, on peut voir des signatures d'artistes de la Renaissance. De là, on accède à la salle octogonale, l'un des plus remarquables exemples d'architecture romaine, surmontée d'une coupole à section sphérique dépourvue de pendentifs et entourée de salles rayonnant autour du noyau central. Parmi celles-ci, on remarquera un vaste nymphée présentant encore une partie de sa décoration.

Achille entre les filles du roi Lycomède, 1er siècle ap. J.-C., Domus Aurea, salle d'Achille à Skyros

Pages suivantes

Domus Aurea, *salle octogonale, ap. 64 ap. J.-C.*

Le Forum de César

Devant l'augmentation de la population et voulant créer un ensemble susceptible de rivaliser avec les capitales hellénistiques, César décida d'entreprendre la construction d'un nouveau Forum s'inspirant de critères basés sur la notion de pure célébration. Son exemple fut suivi par Auguste, Vespasien, Nerva et Trajan qui contribuèrent à l'aménagement des Forums impériaux. Commencé en 46 av. J.-C., le Forum de César fut complété par Auguste et reconstruit par Trajan (113). Il s'agit du forum impérial le plus ancien, et celui-ci servit de modèle aux forums suivants qui en reprirent le plan octogonal fermé par le temple, conformément à une vision axiale et centralisée. Cette approche – vraisenblablement inconnue de l'urbanisme italique et fondée sur une conception propagandiste s'exprimant à travers la vénération de *Vénus Genitrix*, ancêtre mythique de la *gens* Julia – renvoie au modèle des sanctuaires hellénistiques consacrés aux souverains divinisés. Suétone rappelle à ce propos que César eut l'arrogance de recevoir le Sénat dans son temple, assis tel un dieu face à la statue de Vénus.

Le Forum d'Auguste

Réalisé entre l'an 42 et l'an 2 av. J.-C. sur un périmètre de 125 × 118 mètres, ce complexe s'articule autour de portiques grandioses qui flanquent les quatre côtés encadrant le temple bâti sur un podium. Les colonnades monumentales accueillaient les statues des Romains les plus illustres (*summi viri*) de la République, tandis que dans les exèdres bordant le temple, se trouvaient les effigies des rois d'Albe la Longue, d'Énée, de Romulus et de la dynastie Julio-Claudienne, conformément à un programme iconographique, culminant dans le fronton du temple de Mars-Ultor, qui tendait en effet à exalter la figure d'Auguste comme *Pater Patriae* en le présentant à l'instar d'un demi-dieu.

De ce temple grandiose, il ne reste que trois colonnes. Latéralement, deux arcs de triomphe conduisaient aux entrées situées à l'arrière et qui s'ouvraient en direction de l'immense mur en blocs de pierre sombre de 30 mètres de haut, séparant la zone impériale du quartier de Suburre.

Le Forum et les Marchés de Trajan

Ce Forum est à la fois le dernier et le plus célèbre. Considéré comme la huitième merveille du monde, cet immense ensemble (300 × 90 mètres) fut réalisé pour le compte de Trajan par l'architecte Apollodore de Damas qui aplanit l'éperon rocheux séparant le Capitole du Quirinal.

Un arc de triomphe permettait d'accéder à une place immense entourée d'un portique, au centre de laquelle trônait la statue équestre de Trajan.

Sur les côtés s'ouvraient deux somptueux hémicycles, ingénieuse solution pour renforcer les pentes de la colline, tandis que le dernier côté était entièrement occupé par la Basilique Ulpienne, la plus grande (170 × 60 mètres) et la plus belle de Rome. De ce bâtiment extraordinaire, qui n'a été fouillé que partiellement, on a récupéré quelques-unes des colonnes qui divisaient la basilique en cinq nefs.

Idéalement reliés au Forum, les marchés de Trajan s'articulaient sur plusieurs niveaux autour du motif générant l'exèdre.

On y accède par une grandiose salle à deux étages recouverte de voûtes d'arêtes, dont on suppose qu'elle devait abriter une sorte de Bourse. Un escalier descend jusqu'à la voie *Biberatica*, une rue flanquée de boutiques aux dalles parfaitement conservées. On pénètre alors dans le grandiose hémicycle sous-jacent, entièrement en briques, à l'exception des portes en travertin des *tabernae*, que dominent la tour médiévale des Milices et l'harmonieuse loggia du XVe de la Maison des Chevaliers de Rhodes, érigée à partir du XIIe siècle sur les structures romaines.

*Forum de César,
Ier siècle av. J.-C. -
IIer siècle ap. J.-C.*

*Forum d'Auguste,
42-2 av. J.-C.*

*Marchés de Trajan,
v. 110 ap. J.-C.
Forum de Trajan*

*Basilique Ulpienne
et Colonne Trajane,
v. 110 ap. J.-C.
Forum de Trajan*

La Colonne Trajane

Depuis la basilique, on accédait à une petite cour où, encadrée par deux riches bibliothèques (aujourd'hui disparues) s'élève encore aujourd'hui la colonne de Trajan, l'un des plus grands chefs-d'œuvre de tous les temps.

Érigée pour rappeler la hauteur de la colline avant son aplanissement, la colonne est un monument extraordinaire visant à célébrer la figure de Trajan lors de la terrible campagne contre la Dacie, dont le butin permit de financer les travaux du Forum. Le fût, de 30 mètres de haut, est entièrement décoré d'un superbe bas-relief en spirale composé de plus de 2 500 figures. L'auteur, inconnu, a su orchestrer avec un talent exceptionnel les nombreux épisodes qui forment le récit, de manière à adhérer aux exigences propagandistes tout en affrontant de façon totalement inédite le thème de la guerre.

À l'intérieur de la colonne, un escalier en colimaçon relie le socle – où fut enterré Trajan – au sommet, où la statue fut remplacée en 1587 par celle de saint Pierre. L'ensemble était parachevé par un temple qu'Hadrien consacra au Divin Trajan et dont les dimensions peuvent être imaginées en observant la colonne monolithe de granit ainsi que son chapiteau qui gisent aux pieds du fût.

Le Théâtre de Marcellus

La construction de ce bâtiment grandiose, le seul théâtre de Rome qui soit parvenu jusqu'à nous, fut entamée par César et achevée en l'an 11 av. J.-C. par Auguste qui le dédia à la mémoire de son neveu et gendre Marcellus. Largement remanié au Moyen Âge, il fut restructuré en 1523-1527 par Baldassarre Peruzzi – qui perça les belles fenêtres Renaissance du troisième ordre – pour le compte des Savelli. En 1926-1932, le théâtre fut débarrassé des bâtiments environnants et restauré. À l'origine, il comptait trois ordres de 41 arcades pour une hauteur avoisinant 33 mètres ; le théâtre pouvait accueillir de 15 000 à 20 000 spectateurs.

Les trois colonnes à entablement, ornées d'une frise très raffinée, qui se dressent non loin de là sont ce qui reste du célèbre temple d'Apollon Sosianus, dédié au dieu en 431 av. J.-C. et reconstruit sous son aspect actuel en 34 av. J.-C.

Le Circus Maximus

À l'origine, le Circus Maximus, d'où la foule pouvait acclamer l'apparition de l'Empereur, fut construit en bois. Il fut ensuite enrichi par Agrippa tandis qu'Auguste y dressa la tribune impériale et l'obélisque, érigé par la suite sur la piazza del Popolo. Les dimensions actuelles (600 × 200 mètres), ainsi que la capacité allant, selon les sources, de 250 000 à 385 000 spectateurs, ne furent atteintes qu'avec Caracalla.

Colonne Trajane,
107-113 ap. J.-C.
Forum de Trajan

Détail de la
Colonne Trajane

Théâtre de
Marcellus,
1er siècle av. J.-C.

Circus Maximus et
Maison d'Auguste

Le Forum Boarium

Le long du Tibre, à la hauteur du port antique, se dresse le joli petit temple dit de la Fortune Virile (IIe-Ier siècle av. J.-C.), dédié en réalité à Portunus, dieu protecteur du port fluvial. Ce bâtiment, qui se dresse sur un haut podium, présente sur sa façade un profond *pronaos* à quatre colonnes ioniques, tandis que les côtés et l'arrière du bâtiment sont dotés d'une série de semi-colonnes engagées dans le mur de la *cella*. Il fut transformé en église au IXe siècle. Un peu plus loin, on peut voir la silhouette caractéristique du temple dit de Vesta (en fait consacré à Hercule vainqueur) remontant à la fin du IIe siècle av. J.-C. Ce dernier constitue un bel exemple de temple periptère en marbre, avec ses vingt colonnes corinthiennes (il en manque une) entourant une *cella* qui présentait peut-être, à l'origine, la forme d'une coupole. Au XIIe siècle, le temple fut transformé en église. Au milieu du Tibre, on aperçoit encore la seule arcade du *Pons Aemilius* (également appelé *Ponte rotto* ou pont brisé) parvenue jusqu'à nous. Ce pont fut reconstruit au XVIe siècle.

*Temple de
la Fortune Virile,
IIe-Ier siècle av. J.-C.
Forum Boarium*

*Temple de Vesta,
fin du IIe siècle av.
J.-C.- IIe siècle ap.
J.-C.
Forum Boarium*

Santa Maria in Cosmedin

Au-delà de la belle fontaine des Tritons (1715) se dresse la sévère silhouette de l'église érigée au VIᵉ siècle sur le périmètre de l'*Ara Maxima* d'Hercule. Plusieurs fois remaniée et agrandie, elle atteignit au XIIᵉ siècle ses dimensions actuelles. En 1715, l'architecte Sardi conféra à sa façade une décoration baroque qui fut démantelée en 1889 pour rendre à la basilique son aspect néo-médiéval. Sous l'imposant portique à piliers précédé du prothyron se trouve la célèbre *Bouche de la Vérité* (un tampon d'écubier datant de l'époque classique) qui, d'après la légende, coupait la main de celui qui mentait sous serment après l'avoir introduite dans sa fente. L'intérieur de l'église présente un plan basilical, avec trois absides et trois nefs, où la séquence uniforme des colonnes est interrompue par l'introduction, typiquement romane, des piliers. Sur les murs, on peut admirer des fresques du VIIIᵉ-XIIᵉ siècle ; la *schola cantorum* de la nef centrale a été reconstruite. Le beau ciboire gothique situé face à l'abside est une œuvre des frères Cosmates (XIIIᵉ siècle) auxquels on doit également le sol, les ambons, le siège épiscopal et le chandelier pascal.

*Santa Maria
in Cosmedin,
XIIᵉ siècle*

*Bouche de la Vérité,
IIᵉ-IIIᵉ siècle ap. J.-C.,
Santa Maria
in Cosmedin*

L'anse du Tibre

Palazzo Altemps et le Musée National Romain

Le palais, dont la construction fut commencée au XVe siècle, est couronné par l'élégante loggia de Martino Longhi l'Ancien (1585), qui acheva également la cour raffinée sur trois ordres.

Le palais abrite aujourd'hui un département du Musée National Romain comprenant des collections renaissantes de sculptures antiques, dont la très riche collection Ludovisi. Parmi ces œuvres, pour la plupart d'une très grande qualité, on mentionnera l'intense *Hermès Loghios* (Ier-IIe siècle ap. J.-C.) s'inspirant de la manière de Myron (milieu du Ve siècle av. J.-C.) ; le mélancolique *Harès Ludovisi*, dont le naturalisme et la dimension introspective renvoie à l'art de Lysippe ; le grand *Sarcophage Ludovisi* qui figure une lutte opposant Romains et barbares, une œuvre à la facture raffinée imprégnée d'un puissant psychologisme reproduisant à merveille une mêlée tumultueuse (IIIe siècle ap. J.-C.) ; le *Trône Ludovisi*, œuvre célèbre typique de l'art de la Grande Grèce (Ve siècle av. J.-C.), dont l'authenticité a toutefois été mise en doute ; l'émouvant groupe figurant *Le suicide du Galate et de sa femme*, magnifique copie du Ier siècle av. J.-C. du bronze de Pergame sculpté par Épigonos pour Attale Ier (ap. 228 av. J.-C.), où l'artiste rend parfaitement le corps virile et émouvant du Gaulois accomplissant le geste fatal, de même que le désespoir qui le provoque.

Vue de la salle du Vaisselier du palazzo Altemps avec la fresque fragmentaire de Melozzo da Forlì et les sculptures de la Collection Ludovisi Palazzo Altemps

Trône Ludovisi, panneau frontal avec la Naissance d'Aphrodite, *milieu du Ve siècle av. J.-C., Palazzo Altemps, salle des Légendes de Moïse*

Le suicide du Galate et de sa femme, *copie romaine de l'original de Pergame, Ier siècle av. J.-C., Palazzo Altemps*

Sant'Agostino

L'église, ainsi que le couvent contigu, furent construits entre 1479-1483. Les deux bâtiments subirent de nombreuses modifications sous la direction de Luigi Vanvitelli (1756-1761) et furent également remaniés au XIXᵉ siècle.

La majestueuse façade, typique du *Quattrocento* romain, constitue une tentative de dépasser la relation problématique entre le premier et le second ordre à travers un expédient insolite : une corniche trapézoïdale et de lourdes volutes latérales.

L'intérieur présente une nef centrale et deux nefs latérales, séparées par des piliers rectangulaires à demi-colonnes engagées soutenant les travées carrées de la nef centrale. Dans la première chapelle de gauche se « manifeste » la *Madone des Pèlerins*, une œuvre extraordinaire de Caravage (1603-1605). L'apparition de la Vierge – qui possède l'immédiateté d'un ex-voto traduit à une échelle monumentale et transfiguré par la puissance de l'art – en est presque brutale tant la concision de l'approche émotionnelle est soulignée par la forte incidence de la lumière « réelle ». Une lumière qui unit indissolublement le couple divin et le couple humain, misérable, mais représenté avec une profonde compassion. Au niveau du troisième pilier de la nef centrale, on remarquera un groupe sculpté représentant *Sainte Anne, la Vierge et l'Enfant*, belle œuvre léonardesque d'Andrea Sansovino (1512). Au-dessus, le *Prophète Isaïe*, une robuste fresque de Raphaël, visiblement influencé par les prophètes peints par Michel-Ange dans la chapelle Sixtine (1512).

Sant'Agnese in Agone

Sur la place Navone se dresse l'imposante silhouette de Sainte-Agnès, une église fondée au Moyen Âge. Ce fut Innocent X qui en décréta la reconstruction pour magnifier la place où se trouvait son palais (sur la gauche). Le projet fut confié en 1652 à Girolamo et Carlo Rainaldi, mais en 1653, suite à d'âpres polémiques, il passa à Borromini qui imprima à l'église son étonnant élan vertical et remplaça la façade précédemment construite par une façade concave flanquée de deux tours-clochers encadrant la coupole.

L'intérieur, très lumineux, présente une profusion d'ors et de marbres décoratifs ; Baciccia a quant à lui conçu l'ensemble des peintures à l'instar d'un tout unitaire qui inclut également les fenêtres et certains éléments architectoniques.

Place Navone

Le spectaculaire décor baroque représenté par la place Navone est certainement l'un des lieux les plus évocateurs de Rome. La place correspond exactement à l'arène du stade de Domitien tandis que les bâtiments qui l'entourent se dressent sur l'antique *cavea*. La place, particulièrement vaste (240 × 65 m), présente trois fontaines monumentales aux jeux d'eau chatoyants et changeants. La fontaine de Neptune, caractérisée par un bassin et une vasque mixtilignes, est de Giacomo Della Porta (1586), tandis que les groupes de sculptures furent ajoutés en 1878.

Au centre, la grandiose fontaine des Fleuves, chef-d'œuvre de Bernin qui l'érigea en 1651 à la demande d'Innocent X: celui-ci lui avait en effet commandé un monument susceptible de marquer le centre de la place sans en compromettre l'unité et d'établir un rapport avec les campaniles de Sainte-Agnès. Bernin réalisa la fontaine en opposant la géomé-

trie absolue de l'obélisque (qui provient du cirque de Maxence) et le rocher naturaliste sortant des eaux et percé d'un antre. Aux quatre coins, les personnifications du Nil, du Gange, du Danube et du Rio de la Plata versent leurs eaux dans le bassin où s'abreuvent des animaux sauvages et nagent des créatures fabuleuses. Dans cette fantastique synthèse, Bernin parvient à conjuguer l'improvisation « spontanée » de l'infinie variété d'un monde grouillant de vie, à la forme parfaite, abstraite et éternelle du divin. L'obélisque qui domine la grotte des *arcanes du monde* et qui, selon une interprétation de l'époque, témoignerait à travers ses hiéroglyphes de l'antiquité du christianisme, est couronné par une colombe, symbole d'Innocent X dont le magistère représentait la victoire de la lumière – et donc du Bien – sur les divisions sublunaires et sur les ténèbres du Mal. La vasque de la fontaine du Maure fut réalisée en 1576 par Giacomo Della Porta et enrichie, en 1654, par le splendide groupe de sculptures exécuté d'après un dessin de Bernin.

Sant'Agostino, façade, XVe siècle

Caravage, Madone des Pèlerins, v. 1604-1606, Sant'Agostino

Giovan Battista Gaulli, dit Baciccia, La Tempérance, Sant'Agnese in Agone

Vue d'ensemble de la place Navone avec l'église Sant'Agnese in Agone, la Fontaine du Maure et la Fontaine des Fleuves

pages suivantes

Gian Lorenzo Bernini, Fontaine des Fleuves, 1651 Place Navone

Saint-Louis-des-Français

Giacomo Della Porta dessina les plans de cette église dont la construction fut entamée en 1518 et terminée en 1589. La vaste façade en travertin – plutôt banale – est encore liée au maniérisme tardif. L'intérieur, qui présente trois nefs séparées par des piliers, est orné d'une profusion de marbres et de stucs (XVIIIe siècle) et abrite d'extraordinaires œuvres d'art. Dans la deuxième chapelle de droite, on peut admirer des fresques illustrant des *Épisodes de la vie de sainte Cécile*, chef-d'œuvre de jeunesse de Dominiquin, où le peintre opère une fusion entre le classicisme raphaélesque et la description affectueuse d'une humanité saisie dans son intimité, nimbée par les tons doux et chauds d'une palette pleine de fraîcheur et de liberté (1616-1617). La chapelle Contarelli (la cinquième sur la gauche) est l'écrin recelant un cycle de peintures d'une immense valeur historique, artistique, éthique et spirituelle (1597-1602). À gauche, la *Vocation de saint Matthieu* : la scène figure avec un réalisme extrême l'intérieur d'une taverne où l'activité des chalands est brusquement interrompue par l'apparition du Christ qui, dans un rayon de lumière « spirituelle », s'adresse à l'un des hommes de l'assistance. La composition présente un savant équilibre de pleins et de vides, d'ombres et de lumières à la puissante signification symbolique. La main du Christ, qui, sous la croix nue formée par le châssis de la fenêtre se découpe nettement sur la zone d'ombre, fait en quelque sorte écho – sur un mode mineur – à la main de

Saint-Louis-des-Français, 1518-1589, extérieur

Pierre, et l'on peut dire que ce motif constitue l'une des fulgurantes trouvailles de la représentation. Ici, rien n'est superflu, tout est essentiel, déterminant. *Saint Matthieu et l'Ange* : cette peinture, qui constitue presque une méditation sur la leçon d'Annibal Carrache, sur l'art des classiques vénitiens, et sur le naturalisme lombardo-brescian du siècle précédent, est une extraordinaire figuration de l'inspiration divine qui investit le vieil homme, à mi-chemin entre la peinture et le monde réel. Le *Martyre de saint Matthieu* est le fruit d'une longue élaboration et s'avère être moins organique que les deux œuvres précédentes, tandis que les échos maniéristes desservent cette figuration d'un « fait divers » par ailleurs rendu avec une vraisemblance féroce. Parmi les témoins bouleversés, on distingue un autoportrait de Caravage qui s'apprête à prendre la fuite.

Caravage, Saint Matthieu et l'Ange, 1602 Saint-Louis-des-Français, chapelle Contarelli

Caravage, Vocation de saint Matthieu, détail, 1599-1600, Saint-Louis-des-Français, chapelle Contarelli

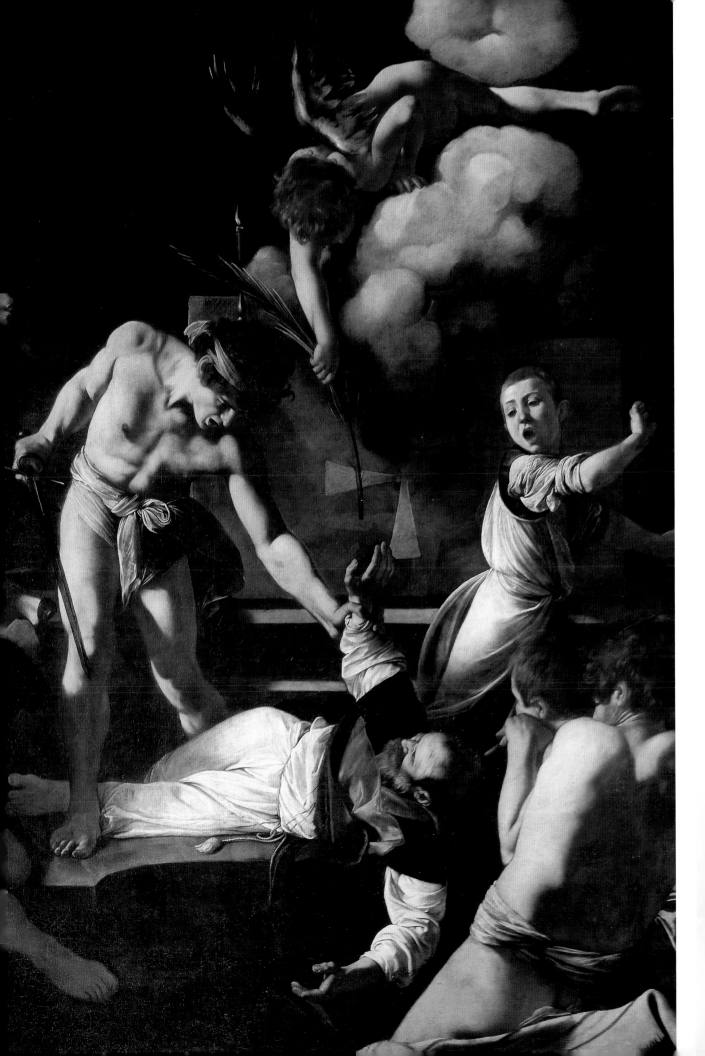

Palazzo della Sapienza et Sant'Ivo

Jusqu'à 1935, ce palais fut le siège de l'université de Rome fondée en 1303 par Boniface VIII. Le bâtiment actuel fut élevé entre le XVIᵉ et le XVIIᵉ siècle par Pirro Ligorio et Giacomo Della Porta, puis modifié par Borromini à partir de 1632. L'extraordinaire rythme ascensionnel de l'ensemble de la cour intérieure (qui comprend un portique avec deux rangées d'arcades typique du XVIᵉ siècle) est déterminé par l'extrémité concave de l'espace où se greffe la structure convexe de l'église Sant'Ivo, dominée par l'une des coupoles les plus étranges – une œuvre de Borromini (1642-1650) – qui aient été inventées. Le lourd tambour, qui cache l'extrados de la coupole, est conçu à l'instar d'une structure en tension retenue par les puissantes membrures des pilastres qui soutiennent six nervures convexes s'opposant à la couverture en gradins. Les nervures donnent soudain naissance à de petites colonnes géminées sur lesquelles repose le lanternon percé de fenêtres. La succession rapide d'espaces concaves et convexes donne enfin lieu à l'extraordinaire couronnement spiralé. Le couronnement est lui-même dominé par une flambée qui se termine par une structure métallique particulièrement audacieuse sur laquelle repose, comme suspendue, la sphère sommitale. La connaissance probable des bâtiments hellénistiques et des constructions de l'Asie mineure est ici réinterprétée pour nous offrir l'une des plus extraordinaires créations de l'architecture.

Caravage,
Martyre de
saint Matthieu
(détail),
1599-1600,
Saint-Louis-
des-Français,
chapelle Contarelli

Francesco
Borromini,
Sant'Ivo alla
Sapienza,
coupole,
extérieur du
lanternon,
1642-1650

Le Panthéon

Le Panthéon est certainement le monument romain le mieux conservé ; il est en effet arrivé jusqu'à nous pratiquement intact car on le transforma en église dès 609. Édifié une première fois par Agrippa en 27 av. J.-C., le Panthéon fut entièrement reconstruit par Hadrien (118-125 ap. J.-C.) qui conserva l'inscription antique que nous pouvons encore lire aujourd'hui. Objet de mutilations, de restaurations et de transformations, le Panthéon fut doté par Bernin de deux clochetons – les « oreilles d'âne » – supprimés en 1833. En 1870, le Panthéon devint le sanctuaire des rois d'Italie. À l'origine, la façade était surélevée et entourée de portiques cachant le corps rond formé par l'arrière du monument. Le gigantesque pronaos est orné de seize colonnes monolithes en granit hautes de 13 mètres. La *cella* est constituée d'un mur de 30 mètres de haut et 6,20 mètres d'épaisseur. La coupole, la plus vaste jamais construite en maçonnerie, a un diamètre de 43,30 mètres. Elle fut construite d'une seule jetée de ciment sur un coffrage en bois. Dans la partie supérieure, le mortier fut allégé grâce à l'inclusion de scories volcaniques. À l'intérieur, on découvre un espace extraordinairement immobile et enveloppant, dont le volume équivaut à celui d'une sphère insérée dans un cylindre (le diamètre du Panthéon correspond exactement à la hauteur de la coupole). Le mur périmétrique est percé de sept grandes niches semi-circulaires et rectangulaires encadrées par de superbes pilastres et colonnes soutenant un entablement qui s'interrompt au niveau de l'abside. L'aspect originel du deuxième ordre a été restitué au-dessus de la première exèdre, à droite de l'abside. La voûte est décorée de cinq anneaux concentriques formés de 18 caissons de plus en plus petits, et se termine par un oculus de 9 mètres de diamètre.

Panthéon,
118-125 ap. J.-C.

Panthéon,
vue de l'intérieur

Santa Maria sopra Minerva

Sur la piazza della Minerva, on peut voir un curieux monument, à savoir un éléphanteau portant un obélisque, peut-être inventé par Bernin et sculpté par Ercole Ferrara (1667). Santa Maria sopra Minerva est la seule église gothique de Rome. Ce vaste édifice fut construit entre le XIIIe et le XIVe siècle par les dominicains, puis couvert d'une voûte au XVe siècle et enfin modifié au niveau du chœur et de l'abside au XVIe et au XVIIe siècle, époque où Carlo Maderno remania l'église conformément au goût baroque. Au milieu du XIXe siècle, une pesante intervention « rendit » au temple sa dimension gothique. De la façade du XVe siècle, il ne reste que le portail. L'intérieur, qui se divise en trois nefs séparées par des piliers polylobés soutenant les voûtes d'arêtes, est hélas dénaturé par la gaucherie des décorations opérées au XIXe siècle.

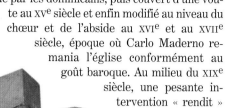

Dans la nef de gauche, non loin du quatrième pilier, se dresse le *Monument funéraire de Maria Raggi* réalisé par Bernin (1643). Dans le transept de gauche se trouve la monumentale chapelle consacrée à saint Dominique, une somptueuse création de Filippo Raguzzini (1725), où l'on distingue un précieux groupe en albâtre figurant *la Vierge, l'Enfant et plusieurs saints* de Francesco Grassia (1670), ainsi que le *Monument de Benoît XIII* (Carlo Marchionni et Pietro Bracci, 1730-1740) ; dans la chapelle Frangipane se trouve le splendide *Monument à Giovanni Alberini* de Mino da Fiesole ou d'Agostino di Duccio, qui réutilise un sarcophage romain (XVe siècle) ; non loin, la *Pierre tombale d'Isaia di Pisa* de Fra' Angelico (1455). Le presbytère abrite une statue du *Christ ressuscité*, une création laborieuse de Michel-Ange : si l'œuvre n'est pas sans noblesse, comme le montre l'expression douloureuse du visage, elle fut hélas achevée à la va-vite par ses collaborateurs. Le voile de bronze couvrant la figure fut ajouté postérieurement. Dans le transept de droite, la *Tombe de l'évêque Guillaume Durand* est une œuvre magnifique de Giovanni di Cosma, également auteur de la précieuse mosaïque (1296) ; dans la chapelle Carafa, on peut admirer de splendides fresques de Filippino Lippi (1488-1492) figurant des *Épisodes de la vie de saint Thomas*, admirables témoignages d'un langage inspiré et original.

Église du Gesù

Cette église fut réalisée d'après un projet de Vignola (1568-1584), tandis que, pour la façade, le cardinal Alexandre Far-nèse, qui finançait les travaux, préféra les plans de Giacomo Della Porta (1571-1577). Cet édifice allait constituer un mo-dèle pour les bâtiments construits pour les jésuites ainsi que pour de nombreux autres ordres, si bien que l'église du Gesù est considérée comme le prototype de l'architecture de la contre-réforme, prototype où s'opère une fusion parfaite entre les exigences liturgiques et la majesté sévère exigée par les dogmes conciliaires.

Durant la seconde moitié du XVIIe siècle, alors que « l'église militante » avait gagné sa bataille pour devenir une « église triomphante », l'intérieur fut littéralement bouleversé par une profusion de marbres, de stucs et surtout de fresques qui gommèrent l'image austère de l'église au profit d'une dé-coration glorieuse. Le principal artisan de cette transforma-tion radicale fut Baciccia qui, avec le *Triomphe du nom de Jésus* (1679), perça en quelque sorte la voûte à l'aide d'une explosion de figures projetées dans l'espace selon un extra-ordinaire effet perspectif obtenu à travers un emploi de la couleur et du clair-obscur d'une puissance inouïe. Le visiteur a réellement l'impression de se trouver devant une appari-tion miraculeuse. L'émotion et la stupéfaction, éléments clé de l'art baroque, atteignent ici un niveau difficilement éga-lable et les figures en stuc sont partie intégrante de la conception générale. Baciccia exécuta également les fresques – non moins spectaculaires – de la coupole et de la cuvette absidale entre 1672 et 1685.

Parmi les innombrables œuvres d'art qu'abrite l'égli-se, on signalera notamment, dans le transept de droite, l'éblouissante chapelle où repose saint Ignace de Loyola. Cette chapelle, construite à l'aide de matériaux extrê-mement précieux, fut dessinée par le père Andrea Pozzo (1696-1700) et une centaine d'artistes collabo-rèrent à sa réalisation.

Michel-Ange, Christ ressuscité, 1518-1520, Santa Maria sopra Minerva

Ercole Ferrata (projet de Bernin), « Pulcino della Minerva », obélisque du VIe siècle av. J.-C. surmontant un éléphant de marbre, 1667, Piazza della Minerva

Giovan Battista Gaulli, dit Baciccia, Triomphe du nom de Jésus, 1679, Église du Gesù

Andrea Pozzo, autel de saint Ignace, 1696-1700, Église du Gesù

Le long de la via del Corso

Monument à Victor-Emmanuel II

La piazza Venezia – qui a pris son aspect actuel lors de la construction du monument – conclut l'axe de la via del Corso.

C'est également à cette époque que l'on procéda au « redoublement » du palazzo Venezia sur le côté Est de l'esplanade, ménagé au terme de vastes démolitions. Des modifications monumentales furent ensuite apportées durant le fascisme. Le gigantesque monument, ou *Vittoriano*, érigé à partir de 1885 d'après un projet de Giuseppe Sacconi, ne fut achevé qu'en 1925 et se veut l'expression d'un idéal politico-culturel manifesté par le langage immuable d'un classicisme représentant le compendium des qualités artistiques de la nation. Mais, en dépit de la valeur des nombreuses œuvres qui le constituent, le contexte au sein duquel le monument se dresse brutalement, le choix du matériau employé (du *botticino* de Brescia d'une blancheur aveuglante) ainsi que ses dimensions colossales, contribue à faire de cet autel grandiose un corps étranger s'assimilant difficilement au tissu urbanistique romain.

Palazzo Venezia

Ce magnifique bâtiment – le premier exemple d'architecture Renaissance à Rome – relève encore de la typologie du palais-forteresse de la fin du Moyen Âge. Sa construction fut entamée en 1455 pour le compte du cardinal Pietro Barbo et le palais fut agrandi après l'accession du prélat au trône papal sous le nom de Paul II. À cette occasion, l'église San Marco fut englobée et l'on procéda à la réalisation de l'aile donnant sur la piazza Venezia et sur via del Plebiscito, ainsi qu'à l'aménagement de la cour intérieure (qui ne fut

Palazzo Venezia,
extérieur,
1455-1468

Guiseppe Sacconi,
Monument à
Victor-Emmanuel
ou Vittoriano,
1885-1925

Giorgione,
Double portrait,
Museo di
Palazzo Venezia

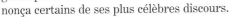

jamais terminée). Ce palais à l'architecture ambitieuse changea plusieurs fois de destination et fut soumis, entre 1856 et 1859, puis entre 1924 et 1930, à de malheureuses retouches « stylistiques » qui finirent par lui donner une image académique conforme à sa nouvelle fonction de demeure du *duce* et de siège du Grand conseil fasciste. Seules dix arcades de la cour monumentale – s'inspirant des ordres architectoniques du Colisée – furent réalisées en 1468. Le grand escalier, élevé par Marangoni en 1930 dans le style du *Quattrocento,* conduit aux salles qui abritent aujourd'hui le Museo di Palazzo Venezia dont le principal joyau est le *Double portrait* de Giorgione.

La façade donnant sur la piazza Venezia, bien que banalisée par différentes restaurations, conserve toutefois son couronnement crénelé, de belles fenêtres Renaissance à croisillons et une puissante tour angulaire. Au-dessus de l'élégante porte cochère se trouve le balcon où Mussolini prononça certains de ses plus célèbres discours.

Palazzo Doria Pamphilj

Ce palais, résultat de l'union de nombreux bâtiments, occupe une énorme surface et est l'un des très rares palais romains encore habité par ses anciens propriétaires qui en ont conservé l'ameublement original et surtout l'une des plus importantes collections d'œuvres d'art au monde.

Commencé au XVe siècle, le palais fut agrandi au XVIe puis au XVIIe siècle lorsqu'il devint la propriété de la famille Pamphilj. Au siècle suivant, Gabriele Valvassori rendit hommage à l'esprit de Borromini en élevant la magnifique façade qui donne sur la via del Corso. Cette façade présente en effet trois ordres d'une grande clarté et élégance, scandés par de légers encorbellements, ainsi que trois portails monumentaux. Parcourue d'un balcon, la façade est enrichie par des terrasses latérales et par les fantastiques tympans du premier ordre (1731-1734).

Quelque temps plus tard, Paolo Ameli procéda à la construction de l'aile donnant sur la via del Plebiscito. Il reprit à son tour des éléments borrominiens comme en témoignent le

portail ou l'angle concave. Durant la seconde moitié du XIXe siècle, Busiri Vici bâtit les nouvelles façades du vicolo Doria et de la via della Gatta.

La splendide cour d'honneur de goût bramantesque fut surélevée et enfin fermée à l'étage supérieur pour abriter la galerie Doria Pamphilj, qui s'était formée autour de la collection qu'Innocent X avait rassemblée au XVIIe siècle. Par la suite, cette collection s'est notamment enrichie d'œuvres flamandes et renaissantes grâce à des legs, des héritages et des achats ; les tableaux sont en partie présentés dans les très riches salles de l'appartement privé. Le nombre d'œuvres de très grande qualité est extraordinaire : la galerie abrite entre autres un *Double portrait* de Raphaël – où la faiblesse de la construction est compensée par la pénétration psychologique et l'intensité des regards qu'échangent Raphaël et Pietro Bembo, commanditaire de l'œuvre (1516) –, un *Saint Jérôme*, œuvre dramatique peinte par Lorenzo Lotto à la fin de sa carrière (1546), *Salomé* – un tableau de Titien aux atmosphères giorgionesques (1515) – le

Repos pendant la fuite en Égypte, figuration au lyrisme intense, ainsi que la *Madeleine repentante*, deux chefs-d'œuvre de jeunesse de Caravage (1594-1596). La galerie renferme également un *Buste d'Olimpia Pamphilj* caractérisé par de puissants clairs-obscurs et sculpté par Algardi, deux *Paysages* de Claude Lorrain, un *Concert* de Mattia Preti, un *Buste d'Innocent X* toujours d'Algardi, *Adam et Ève au Paradis terrestre* de Jacopo Bassano, une *Adoration des bergers* – nimbée d'un colorisme issu de Corrège – et une *Vierge et l'Enfant* de Parmigianino (1524-1525). Et puis encore un *Paradis terrestre* de Jan Bruegel l'Ancien, un *Portrait d'Innocent X*, chef-d'œuvre de Velázquez d'une impitoyable vérité psychologique et d'une extraordinaire liberté chromatique (1650), un *Buste d'Innocent X* de Bernin, une lunette figurant un *Paysage avec la fuite en Égypte* d'Annibal Carrache – l'une des pages les plus intenses et limpides du paysagisme européen du fait de la compénétration sereinement classique des figures et de la nature (1604) –, et le *Portrait d'Andrea Doria*, perdu dans ses rêves de pouvoir, par Sebastiano del Piombo (1526).

Annibal Carrache,
Paysage avec
la fuite en Égypte,
1604
Galerie Doria
Pamphilj

Diego Velázquez,
Portrait
d'Innocent X,
1650
Galerie Doria
Pamphilj

Caravage,
Le Repos pendant
la fuite en Égypte,
1594-1596
Galerie Doria
Pamphilj

Guerchin,
Hermine retrouve
Tancrède blessé,
Galerie Doria
Pamphilj

Saint-Ignace

L'église Saint-Ignace, sévère manifestation de la puissance de l'ordre des jésuites, fut élevée sur le modèle de l'église du Gesù sous la direction de Carlo Maderno, Paolo Marucelli et Orazio Torriani (1626-1650). L'immense espace intérieur à nef unique – doté de grandioses chapelles communicantes et d'un transept – constitue l'archétype de la conception jésuitique d'une l'église destinée à accueillir et à endoctriner des foules de fidèles. Sur la voûte de la nef, le père Andrea Pozzo réalisa la spectaculaire perspective de la *Gloire de saint Ignace* où les règles de la géométrie informent rationnellement une vision ascétique, et où la persuasion baroque se transforme en une impressionnante machine de propagande exaltant la valeur universelle de la Règle (1691-1694).

Le père Pozzo a également peint la stupéfiante coupole en trompe-l'œil, en réalité une immense toile destinée à remplacer la coupole qui ne fut jamais réalisée (av. 1685). Pozzo est l'auteur des fresques de l'abside et du transept droit. Les deux autels situés respectivement dans chaque bras du transept, présentent une décoration d'une incroyable richesse : l'autel de gauche (dédié à Notre-Dame de l'Annonciation) est l'œuvre d'Andrea Pozzo pour ce qui est du projet architectural, de Filippo Valle pour le tableau d'autel en marbre et de Pietro Bracci pour les sculptures ; l'autel de droite (consacré à saint Louis) fut dessiné par Pozzo ; Pierre Le Gros réalisa le tableau d'autel en marbre et Bernardino Ludivisi se chargea des autres sculptures (1697-1699). La chapelle située à droite de l'abside abrite le *Monument funéraire de Grégoire XV et du cardinal Ludovisi*, une œuvre somptueuse de Pierre Le Gros.

Andrea Pozzo,
Gloire de
saint Ignace,
1691-1694
Saint-Ignace,
voûte

Montecitorio

Les travaux d'agrandissement du palais de Montecitorio, bâti au XVIIe siècle, furent confiés à l'architecte Ernesto Basile et témoignent au plus haut point de l'évolution de l'Art Nouveau à Rome : la façade postérieure présente en effet une sobre décoration florale, à mille lieues des criantes asymétries et des lignes capricieuses de l'Art Nouveau international. À l'intérieur, l'hémicycle destiné au Parlement fut aménagé entre 1908 et 1912. Revêtue de bois de chêne, la salle est ornée d'un riche décor floral : sous la vaste faîtière et sur tout le périmètre, se développe une frise allégorique sur toile exécutée par Guido Aristide Sartorio, où l'artiste a figuré les grands événements de l'histoire d'Italie.

Autel de saint Louis Gonzague, 1699 Saint-Ignace

Ernesto Basile, Giulio Aristide Sartorio, Salle de l'Assemblée, Montecitorio, 1908-1912

Ara Pacis

L'Ara Pacis fut dégagé par étapes à partir de 1568. L'autel fut recomposé à l'aide d'intégrations parfaitement visibles en 1938, et protégé par une cage de verre (un nouvel « écrin » projeté par l'architecte Richard Meier est actuellement en construction). L'édification de ce grand autel fut votée par le Sénat en 13 av. J.-C. pour célébrer le retour victorieux d'Auguste de Gaule et d'Espagne et par conséquent la paix ramenée dans la romanité. L'ara est constituée d'un enclos de 11,63 × 10,62 m. Au centre des deux côtés les plus courts, deux ouvertures permettent d'accéder à l'autel proprement dit où l'on procédait à des sacrifices. L'intérieur et l'extérieur de l'ara sont ornés d'une magnifique décoration en relief présentant deux registres. Dans la partie inférieure, de part et d'autre d'une touffe végétale, se développe symétriquement une décoration de feuilles d'acanthe en rinceaux, ornée de cygnes et de différents animaux. Dans la partie supérieure, on peut voir des scènes figurant les origines de Rome, et – à côté des portes – des représentations allégoriques. Sur les autres côtés figure une frise représentant le cortège de la cérémonie inaugurale. Sur le flanc droit, on reconnaît les membres de la famille impériale précédés par Auguste – sa tête est voilée – flanqué de deux magistrats et de quatre Flamines, accompagné d'Agrippa et de son fils, le petit Caius César. Les panneaux intérieurs possèdent un caractère purement décoratif. L'autel, placé sur un haut soubassement, est extrêmement fragmentaire. L'Ara Pacis est un magnifique exemple de l'art officiel voulu par Auguste, un autel d'un classicisme à la fois raffiné, éclectique, et pompeux, d'une perfection lisse, hélas souvent figée et peu expressive. Non loin se trouvait le *Solarium Augusti*, la plus grande horloge-calendrier jamais réalisée, consacré en 10 av. J.-C. Il s'agissait d'une sorte d'immense cadran solaire dont le gnomon symbolisant le soleil était l'imposant obélisque qui se trouve aujourd'hui à Montecitorio et qui projetait son ombre sur un vaste réseau de lignes et de lettres en bronze. Le jour de l'anniversaire de l'empereur, l'ombre se projetait sur l'Ara Pacis, signifiant ainsi qu'Auguste était *natus ad pacem*.

Ara Pacis,
détail des frises

Piazza del Popolo

La via Flaminia était autrefois le principal
accès nord de la ville : aussi la porte, les rues
et les bâtiments avoisinant la place ont-ils
toujours été pensés conformément à une scé-
nographie grandiose visant à célébrer les
fastes du pouvoir. On doit l'aspect actuel de la
place, parfaite synthèse de valeurs architecturales, urbanistiques et paysagères, au génial aménagement de Giuseppe Valadier
(1811-1816). À la lumière d'un néoclassicisme
rationnel et « civil », Valadier a su conjuguer
les valeurs scéniques de l'espace baroque –
centré sur l'obélisque et le trident formé, sur
les côtés, par les deux églises jumelles (qui
remplacèrent deux pyramides d'époque romaine) – et celles de la végétation. L'architecte parvient en effet à établir une relation
dynamique entre le Pincio et la place, en op-
tant pour une superposition d'exèdres tandis
qu'une route en lacets grimpe jusqu'au sommet de la colline.

La place est dominée par la silhouette parfaitement pure de l'obélisque « Flaminio »,
splendide monolithe granitique égyptien
haut de 24 mètres, qui fut transporté à Rome
du temps d'Auguste pour orner la *spina* di
Circus Maximus puis dressé au centre de la
place par Domenico Fontana. Les vasques et
les sculptures d'inspiration égyptienne entourant l'obélisque sont l'œuvre de Valadier.
Le côté sud de la place est fermé par deux
églises très semblables,
dont les pronaos classici-
sants (de véritables propy-
lées) forment un « trident ».
Les deux églises – sur la
gauche, Santa Maria di
Montesanto (1662-1679) ; à
droite, Santa Maria dei Miracoli (1675-1681) – sont de
Carlo Fontana.

*Via del Corso,
entre Santa Maria
in Montesanto
et Santa Maria
dei Miracoli*

*Vue aérienne de
la piazza del Popolo*

Santa Maria del Popolo

Selon la tradition, c'est ici que s'élevait une petite chapelle, érigée par Pascal II à l'occasion de la Première croisade (1099) près du tombeau de Néron infesté de démons et de sorcières. Après la peste de 1213, Grégoire IX y transporta l'image miraculeuse de la Vierge « peinte par saint Luc ». En 1475-1477, l'église actuelle fut bâtie à l'initiative de Sixte IV. Passée entre temps aux augustins, la construction de l'église fut peut-être confiée au Lombard Andrea Bregno, auteur de nombreux monuments qui ornent l'intérieur. Au XVIᵉ et au XVIIᵉ siècle on procéda à d'importantes interventions comme la réfection du chœur (Bramante) et de la chapelle Chigi (Raphaël), tandis que l'ensemble de l'église reçut une patine baroque sous la direction de Bernin.

La façade présentant deux ordres (elle est tripartite au niveau inférieur et se conclut par un tympan) est d'une grande simplicité et correspond en cela à la rigoureuse éthique augustinienne. Auprès de la sobre coupole reposant sur un tambour octogonal, se dresse le beau campanile de style gothique tardif. L'intérieur de l'église est lumineux et comprend trois nefs surmontées de voûtes d'arêtes soutenues par des pilastres à demi-colonnes engagées, des chapelles latérales, un transept, une coupole octogonale et un chœur profond – invention bramantesque s'inspirant des volumes antiques revus à l'enseigne d'un langage pur et lumineux. Bernin fit procéder à l'agrandissement des fenêtres et plaça avec une extrême sensibilité de délicates figures en stuc sur les arcades, sans pour autant altérer la perspective de l'église. Les nombreuses œuvres d'art de Santa Maria del Popolo sont d'une qualité exceptionnelle.

Santa Maria del Popolo, façade, 1478-1572

Caravage, Le crucifiement de saint Pierre, 1600-1601 Santa Maria del Popolo, chapelle Cerasi

Caravage, Conversion de saint Paul, 1600-1601 Santa Maria del Popolo, chapelle Cerasi

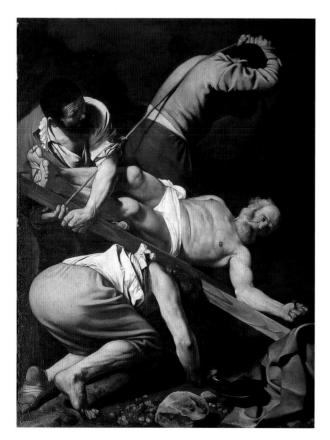

La chapelle Chigi à Santa Maria del Popolo

La chapelle à plan central, conçue par Raphaël pour le banquier siennois Agostino Chigi (1513-1516), est l'un des grands chefs-d'œuvre de la Renaissance, que des ajouts postérieurs ont encore contribué à magnifier. La structure simple et limpide issue de la manière bramantesque est transfigurée par des suggestions classiques ; la chapelle se développe selon un rythme architectural d'une grande pureté qui, exalté par des détails précieux, culmine soudain dans une image michélangélesque imprimant au lieu un puissant mouvement rotatoire : celle de Dieu, créateur du firmament, entouré par les symboles du soleil et des sept planètes (mosaïque de la voûte). La représentation du royaume supraterrestre destiné à accueillir les âmes des défunts est typiquement néoplatonicienne. Et c'est encore le néoplatonisme qui inspire les statues de Jonas et d'Élie, dont la réalisation fut confiée à Lorenzetto qui ne sculpta cependant que Jonas d'après un dessin de Raphaël. Lorenzotto nous a légué un chef-d'œuvre limpide, d'une beauté formelle eurythmique et idéalisée ; quant à la seconde statue, elle fut achevée par Baccio di Montelupo, plus attentif au pathétisme hellénistique. Après la mort de Raphaël et d'Agostino Chigi (1520), Sebastiano del Piombo peignit l'austère tableau d'autel figurant la *Naissance de la Vierge*, qui anticipait de manière emblématique le climat de la contre-réforme (1532-1548). En 1550, Salviati, maniériste raffiné, représenta les *Allégories des quatre saisons* dans les pendentifs et certains épisodes de la *Genèse* dans le tambour. En 1652, Fabio Chigi, le futur pape Alexandre VII, chargea Bernin de terminer les travaux. Celui-ci apporta de nombreuses modifications et inséra, au centre du pavement, l'image du *squelette ailé*. Bernin sculpta surtout les extraordinaires figures de *Daniel et le lion* et d'*Habacuc et l'Ange* ; les deux groupes, caractérisés par la fluidité des masses plastiques qui les composent, semblent vouloir se projeter dramatiquement dans l'espace de la chapelle (1655-1661).

Raphaël,
chapelle Chigi,
1513-1616
Santa Maria
del Popolo

Place d'Espagne

Cette place hautement théâtrale fut pendant des siècles l'un des endroits les plus vivants de la ville, et elle conserve encore son charme venu tout droit du XVIIe ou du XVIIIe siècle. En son centre, Pietro et Gianlorenzo Bernini réalisèrent la fontaine de la Barcaccia, qui figure habilement un esquif en train de sombrer. Juste derrière, on distingue l'escalier de la Trinité-des-Monts, conçu par Francesco De Sanctis à l'instar d'une toile de fond idéale concluant l'ensemble voulu par Sixte Quint. Grandiose, imposante, fabuleuse pour ce qui est de ses dimensions, cette envolée de marches possède un caractère aristocratique comparable aux œuvres pyrotechniques de l'âge baroque ; si cet escalier fut créé pour exalter l'effet d'ensemble, il possède également un caractère fonctionnel et c'est de toutes façons un chef-d'œuvre d'élégance monumentale de l'urbanisme rococo. L'escalier présente une succession de rampes qui se séparent pour converger à nouveau, et la volée se termine au niveau de la façade de l'église (1723-1726).

La Trinité-des-Monts

En empruntant la large allée panoramique du Pincio, on arrive à l'église de la Trinité-des-Monts (XVIe siècle) qui forme, avec l'obélisque sallustien qui se dresse devant le bâtiment (l'obélisque fut récupéré dans les antiques *Horti Sallustiani* ou jardins de Salluste et érigé devant l'église en 1789 par Antinori) et avec l'escalier qui descend vers la place d'Espagne, l'un des ensembles les plus évocateurs de Rome. La façade, surmontée de deux clochetons – une concession au goût des Français, propriétaires du temple – est peut-être due à Giovanni Della Porta (1584). L'intérieur, qui présente un plan à nef unique et des chapelles latérales, est une galerie de peintures maniéristes. Parmi les nombreux tableaux qui ornent l'église, on citera la frénétique et gesticulante *Déposition de Croix* de Daniele da Volterra (1545).

Francesco de Sanctis, Escalier de la Trinité-des-Monts, 1723-1726

Obélisque de Salluste, Trinité-des-Monts

Nicola Salvi, Giuseppe Pannini, Fontaine de Trevi, 1732-1762

PIVS · VI · PONT · MAX

La Fontaine de Trevi

La fontaine, dont la construction fut commencée en 1732 par Nicola Salvi pour le compte de Clément XII, fut inaugurée en 1762.

Le monument, qui se présente à nos yeux telle une façade-arc de triomphe, se transforme en une fontaine foisonnante de figures allégoriques et mythologiques.

Célèbre décor de la *dolce vita* romaine, l'endroit est aussi le théâtre de la plus célèbre superstition touristique puisque les visiteurs doivent jeter une pièce de monnaie dans le bassin pour être sûrs de revenir à Rome. Cette fontaine, qui est alimentée par le canal de l'Acqua Vergine, autrefois utilisé par Agrippa pour alimenter ses thermes, doit être considérée comme la dernière grande création baroque de la capitale. L'idée qui sous-tend le monument est la suivante : créer un décor figurant le « palais d'Océan », un palais-arc de triomphe (palazzo Poli) d'où surgit la figure colossale et barbue de l'Océan, traîné vers la vasque par deux chevaux marins. Une multitude de statues ornent cet ensemble impressionnant.

Le parc de la Villa Borghèse et ses musées

La Villa Borghèse

Le superbe parc de la Villa Borghèse était à l'origine un jardin Renaissance réalisé par Flaminio Ponzio pour la villa suburbaine du cardinal Scipion Borghèse.

Le parc fut plusieurs fois remanié, jusqu'à son agencement définitif réalisé par Luigi Canina en 1822 conformément au goût néo-classique.

La villa, commencée par Ponzio et achevée par Giovanni Vasanzio (1608-1617), fut conçue comme un écrin, inspiré de la typologie des villas Renaissance et réélaboré suivant l'optique décorative du maniérisme pour accueillir les extraordinaires collections artistiques du cardinal Scipion Borghèse. Au XVIIIe siècle, l'intérieur fut partiellement rénové. La décoration et les œuvres exposées constituent un ensemble du plus grand intérêt.

La Galerie Borghèse

La Galerie Borghèse abrite une collection de tout premier ordre. On remarquera des chefs-d'œuvre tels que la *Statue de Pauline Borghèse* – qui permet à Canova de transfigurer avec virtuosité la matière en une chair diaphane (1805-1808) – et de nombreuses sculptures exécutées par Bernin pour le compte du cardinal Scipion. Ces dernières sont caractérisées par l'abandon progressif des artifices de composition et de la pure virtuosité du maniérisme pour atteindre l'expression de la tridimensionnalité et de la vie à travers un modelé vibrant de lumière, dynamiquement fondé sur des équilibres complexes.

Parmi les peintures, signalons : *Le portrait d'homme* (1502), *La Dame à la Licorne* (1506) et *La Déposition de Croix* (1507), œuvre ambitieuse et non dénuée d'emphase de Raphaël ; la *Sibylle de Cumes* et la *Chasse de Diane*, deux toiles arcadiques à l'approche classique de Dominiquin (1617) ; *La Magicienne Circé*, au chromatisme fantasmagorique, *Diane et Callisto* (v. 1529) et la *Vierge et L'Enfant* (v. 1525) de Dosso Dossi ; la trépidante et sensuelle *Danaé* de Corrège (1531) ; le *Portrait d'Homme* d'Antonello da Messina (1470-1475) ; d'autres œuvres de Rubens, Véronèse, Jacopo Bassano, Savoldo, Cranach, Baroche. On admirera également des chefs-d'œuvre absolus comme *L'Amour sacré et l'Amour profane* de Titien, incarnation parfaite de l'idéal de beauté du XVIᵉ siècle, représenté à travers un chromatisme époustouflant qui confère à cette œuvre un charme inoubliable (1515). Enfin, le noyau constitué par les peintures de Caravage : le *Petit Bacchus malade* (1592-1595), qui ne semble pas croire lui-même à la fable mythologique pour laquelle il pose ; le *Garçon au panier de fruits* (1592-1593), la vision crue et populaire de la *Vierge au serpent* (1605-1606) ; la sévère méditation sur le sens de l'existence du *Saint Jérôme* (1605-1606) ; l'insaisissable ambiguïté du *Saint Jean Baptiste* (1609) ; le *David avec la tête de Goliath*, terrible autoportrait peut-être envoyé par le peintre au cardinal Scipion dans l'espoir d'obtenir la grâce, et qui constitue une coïncidence effrayante entre l'art et la vie, prise au sens stoïque de confession et d'holocauste (1609-1610).

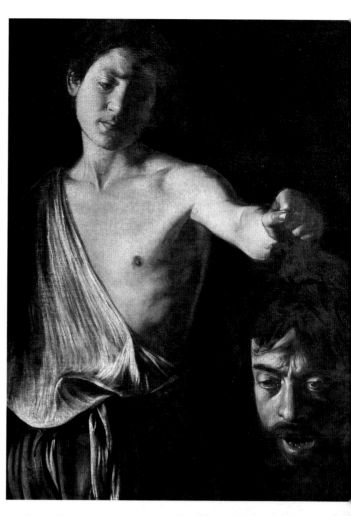

Flaminio Ponzio,
Giovanni Vasanzio,
Villa Borghèse
1608-1617

Raphaël
Déposition de Croix,
1507
Galerie Borghèse

Caravage
David avec
la tête de Goliath,
1609-1610
Galerie Borghèse

Caravage
Garçon au panier
de fruits,
1592-1593
Galerie Borghèse

Pages suivantes

Antonio Canova,
Pauline Borghèse,
1805-1808
Galerie Borghèse

Bernin,
Hermaphrodite,
restauration d'une
statue antique
(1ᵉʳ siècle)
Le matelas ainsi
que des parties de la
figure de marbre,
sont de Bernin,
Galerie Borghèse

Titien,
L'Amour sacré et
l'amour profane,
1515
Galerie Borghèse

Galerie Nationale d'Art Moderne

Aménagée dans les espaces du Palais des Beaux-Arts, projeté en 1911 par Cesare Bazzani, la Galerie Nationale d'Art Moderne donne sur l'allée qui traverse le parc de la Villa Borghèse. L'art italien de ces deux derniers siècles y est remarquablement représenté, même si les acquisitions effectuées durant le fascisme ont à l'évidence privilégié les mouvements et les artistes proches du régime au détriment d'un panorama plus articulé des développements artistiques de l'entre-deux-guerres. Dans l'aile gauche du bâtiment sont représentés les peintres néo-classiques, romantiques (*Les Vêpres Siciliennes* d'Hayez), les macchiaioli, les véristes, les représentants de la *scapigliatura*, les naturalistes, les symbolistes, les divisionnistes. On signalera également des peintures d'artistes étrangers tels que Courbet, Degas, Monet, Van Gogh. Dans l'aile droite, on remarque *Les trois âges de la vie* (1905) de Klimt, la *Lutte entre les Lapithes et les Centaures* (1909) de de Chirico, quelques œuvres futuristes parmi lesquelles *Cheval+cavalier+immeubles* (1914) de Boccioni. Parmi les autres peintres exposés citons Russolo, Modigliani, Cézanne, Morandi, Severini, Soffici, Braque, Archipenko, Mondrian, Marini, Savinio, Casorati, Antonietta Raphael Mafai, Capogrossi, Tosi, Leoncillo, De Pisis, Maccari, Licini, Ernst, Burri, Fontana, Mirko et Afro Basaldella. Parmi les œuvres, nous mentionnerons plus particulièrement : l'*Ovale des apparitions* (1918) de Carrà, la *Femme à la fenêtre* (1930) d'Arturo Martini, les *Crucifixions* (1939) de Manzù, la *Solitude* (1925) d'Alberto Sironi, *Des hommes qui se tournent* (1930) de Scipione, le *Portrait de Giuseppe Ungaretti* (1936) de Fazzini, la *Crucifixion* et la *Fuite de l'Etna* (1939-1940) de Guttuso. À remarquer également des œuvres intéressantes des représentants des principales tendances artistiques de l'après-guerre.

ci-contre

Carlo Carrà
L'Ovale des
apparitions,
1918
Galerie Nationale
d'Art Moderne

Renato Guttuso
Fuite de l'Etna,
1939
Galerie Nationale
d'Art Moderne

Umberto Boccioni,
Cheval + cavalier
+ immeubles,
1914,
Galerie Nationale
d'Art Moderne

Giuseppe De Nittis,
Courses au Bois
de Boulogne,
détail,
1881
Galerie Nationale
d'Art Moderne

Mario Sironi
Solitude,
1925
Galerie Nationale
d'Art Moderne

Paul Cézanne
Le cabanon
de Jourdan,
1906
Galerie Nationale
d'Art Moderne

Musée National Étrusque de Villa Giulia

Villa Giulia est un exemple extrêmement raffiné d'architecture maniériste, réalisé par Giorgio Vasari, Bartolomeo Ammannati et Jacopo Vignola pour le compte de Jules III (1551-1555). L'ensemble est organisé autour d'un axe dont la perspective se développe à partir de l'atrium, traverse le portique, parcourt le décor scénographique de la cour et s'achève sur le superbe espace « secret » du nymphée. Ce dernier, articulé sur trois niveaux, présente deux étages de loggias et une fontaine, dite de *l'Acqua Vergine*.

Depuis 1889, le bâtiment abrite le musée Étrusque. Les nouvelles acquisitions de la collection ont rendu nécessaire un agrandissement et une nouvelle présentation conçus par Franco Minissi suivant un critère topographique (1955-1960). Les collections sont extraordinairement riches tant sur le plan quantitatif que qualitatif. Nous signalerons ici plusieurs pièces en suivant l'ordre des salles. Les *Tablettes d'or* de Pyrgi, avec une dédicace bilingue en étrusque et en phénicien ; des matériaux funéraires de culture villanovienne avec des urnes cinéraires en cabane (IXe-VIIIe siècle av. J.-C.) ; les matériaux funéraires de la *Tombe du Guerrier* (seconde moitié du VIe siècle av. J.-C.) ; les sculptures de l'acrotère du sanctuaire de Portonaccio à Véies, attribuées à l'atelier de Vulca et influencées par l'archaïsme gréco-oriental (fin du VIe siècle av. J.-C.) ; le célèbre *Sarcophage des Époux*, chef-d'œuvre de la sculpture étrusque, à mi-chemin entre le naturalisme intime et les conventions formelles (530 av. J.-C.) ; la très riche collection Castellani, qui présente des pièces de toutes les classes de la céramique grecque et étrusco-italique ; les décorations en terre cuite provenant des temples de *Falerii Veteres*, d'une période comprise entre le VIe et le Ier siècle av. J.-C. ; les matériaux funéraires des tombes Barberini et Bernardini, provenant de Palestrine, avec des œuvres spectaculaires – peut-être d'origine syro-chypriote – réalisées vers le milieu du VIIe siècle av. J.-C., les superbes *Pectoraux en or* à granulation et la *Ciste Ficoroni* (IVe siècle av. J.-C.).

Les collines : le Quirinal, l'Esquilin, le Latran, le Cælius

Place du Quirinal

La place s'organise autour de la spectaculaire fontaine de Monte Cavallo. Les statues monumentales et rhétoriques des Dioscures (copies d'âge impérial d'œuvres grecques du Ve siècle av. J.-C.), proviennent des thermes de Constantin aujourd'hui disparus. La fontaine fut ajoutée par Raffaele Stern en 1818, qui réutilisa pour la réaliser un bassin trouvé au forum. Côté sud se dresse l'élégante façade des Écuries du Quirinal dont la construction fut entamée en 1722 par Alessandro Specchi. Les Écuries furent ensuite modifiées par Ferdinando Fuga (1730) qui leur imprima leur allure néoclassique. À l'est, le Palazzo della Consulta dont la façade, noble et monumentale, est l'œuvre de Ferdinando Fuga (1734) qui nous laisse ici l'une des œuvres les plus significatives du XVIIIe siècle romain. À droite du palais, un haut mur protège des regards indiscrets le Palazzo Pallavicini Rospigliosi, construit par Ponzio sur les ruines des thermes de Constantin à l'intention du cardinal Scipion Borghèse. Le *casino* du palais, une construction à l'architecture maniériste et raffinée, abrite *L'Aurore*, une fresque de Guido Reni (1614). Dans le palais se trouve également la précieuse Galerie Pallavicini, l'une des plus importantes collections particulières de la capitale, qui comprend des œuvres de Lorenzo Lotto, Guerchin, Pierre de Cortone, Baroche ou encore de Baciccia, Van Dyck, Rubens, ainsi que l'angoissante *Derelitta* de Botticelli, chef-d'œuvre de l'artiste bouleversé par le siècle finissant. Le palais du Quirinal devait être la nouvelle demeure des papes et, pour ce faire, on procéda tantôt à la démolition, tantôt à l'intégration des premières villas construites au XVe siècle sur la colline. Les artisans de ce palais à l'allure sévère – typique de la fin du XVIe siècle – sont les architectes Martino Longhi l'Ancien (1573-1577) et surtout Mascherino (1578-1585). Au siècle suivant, la construction se poursuivit sous la direction de Ponzio, Carlo Maderno et Bernin qui réalisa la loggia des Bénédictions (1638) et le bastion arrondi. Les papes résidèrent au Quirinal à partir de 1592 ; le palais devint ensuite la demeure des rois d'Italie (1870) puis des présidents de la République (1947). La cour intérieure, entourée d'un portique, constitue l'un des plus puissants témoignages de l'art au temps de la contre-réforme. Dans le *Coffee House* du Quirinal (Ferdinando Fuga, 1741) sont conservées les plus belles œuvres de Giovanni Paolo Pannini – principal représentant du védutisme romain du XVIIIe siècle –, figurant les vastes vues de la place du Quirinal et de Sainte-Marie-Majeure. Pannini s'installa à Rome en 1711 et ne tarda pas à devenir l'interprète incontesté de la réalité urbanistique de son temps : monuments antiques, architectures baroques, restes archéologiques sont toujours plongés dans une lumière limpide qui en exalte les valeurs chromatiques.

*Place
du Quirinal*

*Alessandro Specchi,
Ferdinando Fuga,
Écuries
du Quirinal,
1722-1730*

*Giovanni Paolo
Pannini,
Sainte-Marie-
Majeure,
1744,
Palais du Quirinal*

*Bernin,
Sant'Andrea
al Quirinale,
1658-1670,
intérieur
de la coupole*

*Bernin,
Sant'Andrea
al Quirinale,
1658-1670
façade*

Sant'Andrea al Quirinale

Cette église est peut-être l'un des chefs-d'œuvre les plus accomplis de Bernin qui l'édifia pour le compte de Camillo Pamphilj (1658-1670). La façade, encadrée par une seule rangée géante de parastates corinthiens et terminée par un tympan, est précédée d'un prothyron semi-circulaire qui semble se détacher de la vaste fenêtre qui le surmonte. Elle est flanquée par deux ailes concaves à la vocation « urbanistique » qui annoncent le plan intérieur. Ce dernier présente en effet une perspective en ellipse avec un axe principal plus court que l'axe transversal qui semble toutefois bloqué par des piliers au lieu de s'ouvrir sur des chapelles. L'espace retrouve ainsi une dimension longitudinale, accentuée par l'extraordinaire solution de la chapelle absidale qui oriente le regard du visiteur à l'endroit précis où s'interrompt l'entablement, là où se déverse le flot de lumière « miraculeuse », multipliée à l'infini par les superbes caissons dorés du plafond.

San Carlo alle Quattro Fontane

Le carrefour des Quatre Fontaines, dominé par la façade latérale de l'église, est l'un des pivots de la Rome de Sixte Quint. Cet ensemble architectural, petit mais extraordinaire, est peut-être le chef-d'œuvre de Borromini qui y travailla de 1635 jusqu'à sa mort, alors qu'il ne manquait que quelques détails à la façade (1667).

La façade reprend le thème michélangelesque de l'ordre géant qui encadre un ordre plus petit, en le répétant cependant sur deux registres et en le vidant donc de sa fonction unifiante originelle. Conformément au principe de la différence et de l'antithèse au sein d'un thème unificateur, les deux ordres dialoguent à travers une série de contrepoints exploitant l'alternance du convexe et du concave, du plein et du vide, pour culminer dans le médaillon ovale qui se détache du mur. Les éléments sculptés, librement anti-classiques, sont partie intégrante de la structure architectonique. Sur la gauche, le campanile convexe – érigé par le fils de Borromini – réitère le rythme de la façade tandis que les tensions semblent se dissoudre, après un dernier sursaut, dans la couverture du lanternon. L'intérieur, vivement rythmé par les surfaces murales qui semblent se gonfler ou se relâcher au gré

des triades formées par les entrecolonnements, triades solidement unies par le puissant entablement qui empêche aux tensions de compromettre l'unité spatiale. La merveilleuse coupole ellipsoïdale, revêtue de caissons cruciformes, hexagonaux et octogonaux de plus en plus petits, se dresse telle une apparition aérienne sur la guirlande de palmettes et dissout le plasticisme des masses architectoniques dans la ductile vibration de la lumière. L'église inférieure reprend, en les comprimant, les solutions de l'église supérieure, tandis que la sacristie est un espace d'un exceptionnel raffinement. Le cloître, malgré ses petites dimensions, possède un souffle monumental exalté par la tension constante inhérente à une recherche intellectuelle produisant des solutions abstraites et raffinées, parfois sophistiquées ou artificielles, mais toujours expressives, comme en témoigne le recours génial aux coins émoussés.

Francesco Borromini, San Carlo alle Quattro Fontane (San Carlino), 1635-1667

Francesco Borromini, San Carlo alle Quattro Fontane, détail de la façade, 1665-1667

Francesco Borromini, San Carlo alle Quattro Fontane cloître, 1635-1636

Francesco Borromini, San Carlo alle Quattro Fontane détail du couronnement, 1665-1667

Francesco Borromini, San Carlo alle Quattro Fontane, intérieur avec la coupole ellipsoïdale, 1638-1641

Pierre de Cortone,
Triomphe
de la Divine
Providence,
1633-1639,
Palazzo Barberini

Caravage,
Judith et
Holopherne,
1596-1599,
Palazzo Barberini,
Galerie Nationale
d'Art Antique

Raphaël,
La Fornarina,
1520,
Palazzo Barberini,
Galerie Nationale
d'Art Antique

Palazzo Barberini et la Galerie Nationale d'Art Antique

En empruntant la via delle Quattro Fontane, on arrive au palais commencé par Carlo Maderno en 1625. Sa construction fut poursuivie par Borromini et Bernin selon un plan qui modifie la typologie du palais renaissant en le transformant en une villa dotée d'ailes ouvertes – sur le modèle de la Villa Farnesina – et complétée dans sa partie postérieure par de splendides jardins. On attribue à Bernin le monumental escalier de gauche, tandis que l'escalier hélicoïdal, les fenêtres latérales du troisième ordre et certains portails intérieurs – caractérisés par des inventions bizarres – sont probablement des œuvres de jeunesse de Borromini. Parmi les salons, on citera notamment celui où Pierre de Cortone exécuta la fresque du *Triomphe de la Divine Providence*, un tournant dans l'histoire de la peinture (1633-1639). Dans cette gigantesque représentation, Pierre de Cortone fait fusionner la tradition chromatique vénitienne, l'espace corrégien, la virtuosité de la perspective issue de l'art de Mantegna, le classicisme de Raphaël et la manière d'Annibal Carrache au sein d'une nouvelle unité dynamique, efficace et caractérisée par de puissants clairs-obscurs, susceptible d'exalter la famille de Maffeo Barberini, qui devint pape sous le nom d'Urbain VIII.

Le palais abrite la très importante Galerie Nationale d'Art Antique, riche d'œuvres magnifiques parmi lesquelles : un *Crucifix* de Bonaventura Berlinghieri (ap. 1235) ; une *Vierge et l'Enfant* de Filippo Lippi (1437) ; *La Fornarina*, une des dernières œuvres de Raphaël (1520) ; un *Portrait de Gentilhomme* de Bartolomeo Veneto (1512-1520) ; l'*Adoration des bergers* et le *Baptême du Christ*, deux ébauches visionnaires de Greco (1590-1600) ; *Judith et Holopherne*, un tableau d'une rare violence peint par Caravage, auquel l'on doit peut-être également le mystérieux *Narcisse* (v. 1600) ; *Et in Arcadia Ego* de Guerchin, étonnant mémento des morts d'une extraordinaire qualité chromatique (1618) ;

un *Portrait d'Henri VIII* de Hans Holbein (1540) ; le *Portrait d'Érasme* de Quentin Metsys, l'un des plus pénétrants profils d'humanistes jamais réalisés (1517).

Santa Maria della Vittoria

Cette église est due à Carlo Maderno (1608-1620). La lourde façade de Giovanni Battista Soria, qui voudrait s'inspirer de celle de Santa Susanna, demeure cependant encore liée au langage de la fin du XVIᵉ siècle. La nef unique, dotée d'une voûte en berceau, est flanquée de trois chapelles sur chacun de ses côtés, et l'on peut considérer l'intérieur de l'église comme l'un des plus somptueux du baroque romain. Dans le croisillon de gauche se trouve la chapelle Cornaro, sublime création de Bernin, abritant l'*Extase de sainte Thérèse* (1645-1652). La vision de la sainte se matérialise soudain à mi-hauteur sous la forme d'un Séraphin qui se détache sur des rayons éclairés par la lumière naturelle provenant de la faîtière. L'éclairage est donc changeant, vibrant : l'illumination divine ne dure qu'un instant ; c'est un frisson qui bouleverse la sainte et trouble observateur.

Giovanni Battista Soria, Santa Maria della Vittoria, 1626

Bernin, Extase de sainte Thérèse, 1645-1652, Santa Maria della Vittoria

Santa Maria della Vittoria, chapelle Cornaro

Carlo Maderno, Santa Susanna, façade, 1603

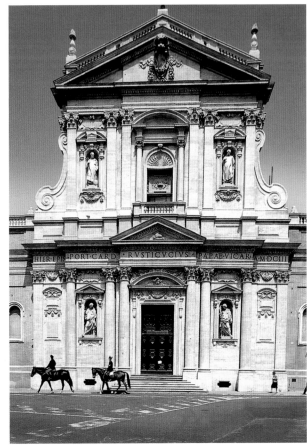

Santa Susanna

Santa Susanna fut érigée aux premiers siècles du christianisme sur un plan basilical. Altérée au XVe siècle, Carlo Maderno la dota d'une nef unique en 1595. Sa superbe façade, chef-d'œuvre de Maderno, où, pour la première fois, le langage statique de la fin du XVIe siècle est animé par des tensions plastiques et dynamiques, se singularise surtout par l'encorbellement progressif de l'élément central, un motif ouvrant la voie au baroque. L'intérieur, avec son magnifique plafond à caissons, abrite de nombreuses peintures du XVIe siècle.

Thermes de Dioclétien

Ce gigantesque ensemble thermal (380 × 370 m) fut le plus important jamais réalisé à Rome puisqu'il était susceptible d'accueillir plus de trois mille baigneurs.

Il nous reste de nombreux vestiges de ces thermes construits au nom de Dioclétien entre 298 et 306, et il s'agit également de l'un des exemples les plus spectaculaires de réutilisation d'un bâtiment antique.

L'ensemble était disposé suivant un axe central où se succédaient le *frigidarium*, la *basilique* (au centre), le *tepidarium* et le *calidarium*. De part et

d'autre de l'axe central se disposaient, symétriquement, les vestiaires et les gymnases.

Au XVIe siècle, Pie IV consacra les ruines monumentales aux Anges et aux Martyrs chrétiens, engageant ainsi le processus de transformation des thermes qui donnèrent lieu à Santa Maria degli Angeli et à son couvent (confié à l'ordre des chartreux).

Michel-Ange, chargé des travaux de l'église, se limita à une restauration du *tepidarium* antique, de la *basilique* et des espaces contigus, auquel il ajouta un presbytère absidé. En 1750, Luigi Vanvitelli remania l'édifice, ajoutant huit colonnes en maçonnerie dans la nef ; il modifia également le transept pour que celui-ci puisse accueillir les tableaux d'autel provenant de Saint-Pierre.

En 1911, la façade fut démolie pour dégager la maçonnerie antique. Après le vestibule, aménagé dans l'ancien *tepidarium*, l'immense transept, qui correspond à la salle basilicale dominée par trois voûtes d'arêtes reposant sur des colonnes monolithes, donne la juste mesure de la majesté des édifices de la Rome antique.

On remarquera les importants tableaux d'autel réalisés par Pompeo Batoni, Pierre Subleyras et Dominiquin.

À gauche de l'église, se trouve la vaste salle circulaire des thermes transformée en planétarium en 1928 ; le planétarium abrite quelques-unes des exceptionnelles sculptures du Musée National Romain. Dans les autres espaces des thermes a été aménagé le département épigraphique du Musée National Romain.

Musée National Romain de Palazzo Massimo

Dans les murs de l'ex-collège Massimo, la nouvelle installation muséale présente un ensemble d'œuvres au sein d'un vaste contexte permettant au visiteur de saisir les grandes lignes de la production et du rôle de l'art à Rome.

D'innombrables œuvres méritent d'être mentionnées, parmi lesquelles de nombreux portraits datant de l'époque républicaine, à mi-chemin entre un naturalisme impitoyable propre à l'aristocratie cōnsērvatrice et les innovations de l'art hellénistique préconisées par les représentants des classes montantes.

On signalera en particulier la *Statue d'Auguste en Grand Pontife* avec son visage émacié et grave où l'on peut lire la majesté de l'homme habitué à commander. Cette figure, su-

perbe expression de l'art de propagande encouragé par le *princeps*, associe la sévérité morale « italique » à l'idéalisation hellénistique.

On admirera en outre le *Prince hellénistique* en bronze, figurant peut-être le consul Titus Quinctius Flaminius, splendide exemple de portrait héroïque de Pergame (début du IIe siècle av. J.-C.) ; le *Pugiliste au repos*, où s'exprime parfaitement l'épuisement de la figure (attribuée à Lysippe, v. 330 av. J.-C.) ; le colossal *Sarcophage de Portonaccio*, impressionnante description d'un assaut de cavalerie mêlant le plasticisme de la mêlée tumultueuse à la douloureuse compassion due au supplice des vaincus (270-275) ; la tendre *Jeune Fille d'Anzio*, un original gréco-hellénistique d'une rare fraîcheur ; le *Discobole Lancellotti* et le *Discobole de Castel Porziano*, répliques d'originaux de Myron du milieu du Ve siècle ; l'*Apollon du Tibre*, une figure d'adolescent inquiet réalisée à partir d'un original de la seconde moitié du Ve siècle av. J.-C. ; les fresques naturalistes de la Villa de Livie et les fresques ornées de stucs d'un grand raffinement récupérées dans le cryptoportique de la villa de la Farnesina, et remontées dans une galerie qui reproduit l'espace d'origine ;

Palazzo Massimo (ex collegio Massimo) 1883-1887

Scène de bige au cirque, IVe siècle av. J.-C., *Palazzo Massimo, Musée National Romain*

Viridarium, 30-20 av. J.-C., *Villa de Livie à Prima Porta, Palazzo Massimo, Musée National Romain*

les panneaux en *opus sectile* de la basilique de Junius Bassus, chef-d'œuvre anti-naturaliste du Bas-Empire (IVe).

Saint-Pierre-aux-Liens

La basilique Saint-Pierre-aux-Liens, fondée au IVe siècle sur une *domus* du IIIe siècle, fut remaniée à de nombreuses reprises au cours du temps. Son aspect actuel date du XIXe siècle. La façade est précédée par un portique renaissant (1475) tandis que l'intérieur présente un plan basilical dont les trois parties sont séparées par des colonnes doriques antiques auxquelles furent ajoutées des plinthes ioniques au XVIIe siècle (la nef centrale fut également remaniée à cette époque).

Dans le croisillon droit, le Mausolée de Jules II, dernière version (drastiquement réduite) de l'œuvre ambitieuse commandée à Michel-Ange pour Saint-Pierre. Outre le dessin, Michel-Ange est également l'auteur de la figure du célèbre *Moïse*, qui fut réalisé pour un projet précédent du mausolée (v. 1515) : la figure exprime une puissance terrible, rendue à travers le traitement des volumes et exaltée par l'alternance de pleins et de vides, une puissance qui culmine dans le regard courroucé du prophète.

Sainte-Praxède

Ce très ancien édifice fut maintes fois restauré. Après avoir traversé un prothyron, on accède à une cour où se dresse la façade (IXe siècle). L'intérieur, qui présente trois nefs, conserve son plan et ses colonnes du IXe siècle – en partie transformées en piliers au Moyen Âge – ainsi que ses mosaïques byzantines, les plus importantes de Rome. Sur la droite, la chapelle de Saint-Zénon – précédée d'un portail réalisé à l'aide de matériaux antiques – fut construite par Pascal Ier comme mausolée pour sa mère. Le plan crucifor-

me, les colonnes angulaires (antiques) et la voûte d'arête sont de style classique. Malgré la lourdeur de leur exécution, les mosaïques byzantines au style hiératique n'en sont pas moins splendides ; la riche lumière et les contours épais des figures confèrent à l'espace un volume et un réalisme que l'on ne retrouve pas dans l'art oriental. Tout aussi importantes, les mosaïques de l'arc triomphal et de l'abside avec le portrait du pape Pascal Ier offrant une église.

Pages précédentes

Discobole Lancellotti, *copie datant de la fin de l'époque d'Hadrien ou d'Antonin d'après un original grec (Ve siècle av. J.-C.) de Myron, Palazzo Massimo, Musée National Romain*

Statue d'Auguste en Grand Pontife, *20 av. J.-C., Palazzo Massimo, Musée National Romain*

Michel-Ange, Mausolée de Jules II, *terminé en 1545, Saint-Pierre-aux-Liens*

Michel-Ange, Moïse, *v. 1515, Saint-Pierre-aux-Liens*

Christ bénissant, *IXe siècle, Sainte-Praxède, chapelle Saint-Zénon*

Clypeus du Christ porté par des anges, *IXe siècle, Sainte-Praxède, chapelle Saint-Zénon*

Obélisque de l'Esquilin et façade postérieure de Sainte-Marie-Majeure, place de l'Esquilin

Sainte-Marie-Majeure

Fondée au IVe siècle, elle fut remaniée au siècle suivant. Le XIIIe siècle vit la construction de l'abside et du transept ; les nefs latérales furent couvertes de voûtes au XVe siècle, tandis que c'est au XVIe siècle que l'on pratiqua les chapelles latérales. La zone absidale fut refaite au XVIIe siècle, époque où l'on commença à bâtir les palais latéraux. Les travaux de la basilique s'achevèrent en 1743 à l'occasion de la réfection de la façade sous la direction de Ferdinando Fuga. L'harmonieuse façade, qui se dresse devant la façade médiévale pour en protéger les mosaïques, fut conçue par Ferdinando Fuga qui s'opposa de fait radicalement au monumentalisme « impérial » de Saint-Jean-de-Latran – que l'on venait de terminer – en décomposant la surface conformément à un jeu de pleins et de vides rythmés par les tympans ainsi que par les couleurs chatoyantes des piliers et des colonnes. Le clocher élancé (XIe-XVe siècle) est le dernier exemple de style roman dans la capitale. Depuis le portique, on accède à la loggia ornée de mosaïques du XIIIe siècle (fortement restaurées) dues à Filippo Rusuti. Sur la place se dresse une colonne récupérée sur le site de la Basilique de Maxence et érigée pour Paul V par Carlo Maderno (1614) dans l'axe de l'obélisque de Saint-Jean-de-Latran. Il ne faut en aucun cas manquer d'admirer la façade postérieure de Carlo Rainaldi qui conclut de manière spectaculaire l'axe de la via Sistina en reprenant la conception michélangelesque de Saint-Pierre. L'obélisque qui domine la place de la façade postérieure se trouvait à l'entrée du Mausolée d'Auguste.

L'intérieur – extraordinaire – présente encore la structure quasiment intacte du IVe siècle, splendide exemple de l'espace rectiligne qui caractérise l'architecture basilicale paléochrétienne, exalté par l'entablement continu soutenu par des colonnes à chapiteaux ioniques. La fermeture de la moitié des fenêtres, l'ouverture de grands arcs au niveau des

chapelles les plus importantes ainsi que le remaniement réalisé par Ferdinando Fuga, n'ont en rien bouleversé l'aspect général. Le magnifique plafond de Giuliano da Sangallo aurait été doré avec le premier or venu du Pérou. Une partie du parterre fut réalisée par les marbriers Cosmates (XIIe siècle). Au-dessus de l'entablement se déploient trente-six panneaux en mosaïque (fin du IVe-début du Ve siècle) d'une grande fraîcheur narrative, qui constituent l'une des dernières grandes manifestations de l'art de la fin de l'Antiquité. C'est aussi à cette époque que remonte la mosaïque de l'arc triomphal, au style plus vigoureux et symbolique. Le baldaquin monumental fut réalisé par Ferdinando Fuga, qui réutilisa les colonnes en porphyre du baldaquin précédent. L'abside abrite la somptueuse mosaïque figurant le *Couronnement de la Vierge*, chef-d'œuvre de Jacopo Torriti qui conjugue l'élégance classique et le hiératisme monumental avec les innovations du nouveau langage plastique introduit par Giotto et Cavallini (1295). Sur la gauche, on peut voir la chapelle en croix grecque réalisée pour Sixte Quint par Domenico Fontana (1584-1587) : dominé par une énorme coupole, cet espace impressionnant tant il est chargé, témoigne de l'art de la fin du XVIe siècle. En face, la chapelle Pauline érigée pour Paul V par Flaminio Ponzio, désireux de surpasser en faste la chapelle de Sixte Quint dont il reprend le schéma architectural (1605-1611). La profusion de matériaux précieux, la redondance décorative ainsi qu'une certaine froideur sont les derniers témoignages de la culture du XVIe siècle avant la révolution baroque.

L'hospitalité d'Abraham, Ve siècle, Sainte-Marie-Majeure

Le transport de l'Arche, Ve siècle, Sainte-Marie-Majeure

Saint-Jean-de-Latran, cloître, 1215-1230

Francesco Borromini, Saint-Jean-de-Latran, intérieur, 1646-1649

Obélisque de Saint-Jean-de-Latran, Piazza San Giovanni in Laterano

Saint-Jean-de-Latran

Ce très important ensemble se développe autour de la résidence offerte au pape Melchiade par la femme de Constantin, et à la basilique (la première de Rome) élevée pas l'empereur auprès de la demeure. L'ensemble, dévasté et partiellement démoli, fut reconstruit par Domenico Fontana lorsque celui-ci réalisa l'axe de Sainte-Marie-Majeure et érigea, en 1587, l'obélisque de Saint-Jean-de-Latran (le plus haut de Rome – 47 mètres avec son socle – provenant du Circus Maximus). Sur la gauche s'élève le palazzo Lateranense construit par Fontana sur le modèle du palais Farnèse, même si ce nouveau bâtiment adhère davantage aux préceptes de la contre-réforme et se caractérise par trois façades identiques (1586-1589). À droite, on distingue la loggia des Bénédictions – à la sévère allure renaissante – réalisée par Fontana sur la façade du transept nord (1586). Les deux clochers sont du XIIIe siècle. À droite de la loggia, on peut voir le Baptistère élevé par Constantin sur un édifice thermal préexistant. Ce baptistère fut à peu près complètement reconstruit au Ve siècle et modifié à plusieurs reprises (on y ajouta notamment un vestibule ainsi que les chapelles). Le plan octogonal du sanctuaire influença tous les baptistères qui allaient être bâtis par la suite. On admirera le magnifique anneau du Ve siècle constitué de deux rangées de huit colonnes architravées, entourant un enclos du XVIIe siècle. Protégée par des battants de bronze du XIe siècle, la chapelle consacrée à saint Jean Baptiste abrite des mosaïques du Ve siècle.

La basilique de Constantin fut souvent remaniée jusqu'à l'intervention définitive de Borromini. La façade grandiloquente est organisée sur une rangée colossale de pilastres et de demi-colonnes soutenant un entablement doté d'un tympan triangulaire sur le corps central en saillie ; la façade – réalisée par Alessandro

Galilei (1732-1735) – est couronnée par une balustrade spectaculaire où se dressent quinze statues colossales. Après avoir traversé un vestibule, on accède à l'intérieur de l'immense basilique à cinq nefs (130 mètres) dotée d'une grande abside et d'un transept peu profond. L'aspect actuel de la cathédrale est dû à l'intervention de Borromini (1646-1649), chargé par Innocent X, de restaurer la cathédrale antique tout en la conservant intégralement.

La nef de gauche conduit au cloître polychrome, chef-d'œuvre des Vassalletto père et fils (1215-1230) dont l'art s'inscrit dans la lignée de celui des Cosmates. Certaines des colonnettes torsadées et géminées sont ornées de mosaïques d'un grand raffinement. La partie supérieure de cloître – en brique – est postérieure.

Saint-Clément

C'est au IIIe siècle que fut pratiqué un *mithraeum* dans la cour d'une maison. Ce sanctuaire dédié à Mithra fut ensuite transformé en une salle divisée par des piliers et des colonnes et assimilé à la *domus ecclesia* du martyr Clément sur laquelle on érigea une basilique. Les Normands incendièrent la première basilique en 1084, réparée tant bien que mal en comblant les entrecolonnements, puis enterrée. On construisit alors une autre église légèrement plus petite qui reprenait le plan de l'ancienne construction en utilisant la colonnade nord pour élever le mur extérieur. Au XVIIIe siècle, l'église fut remaniée conformément au goût baroque par Carlo Stefano Fontana. Les différentes phases de la construction de Saint-Clément ont été révélées par des fouilles et ce monument est certainement le plus extraordinaire palimpseste romain. Le prothyron date de haut Moyen Âge et permet d'accéder à un portique architravé à quatre arcades soutenu par des colonnes antiques.

L'intérieur, bien que remanié, conserve sa structure du XIIe siècle. Quant aux trois nefs absidées, elles sont divisées par des colonnes antiques. Le beau parterre, la *schola cantorum* et le ciboire présentent des décorations cosmatesques (XIIe siècle) ; la splendide mosaïque de l'abside, qui figure le *Triomphe de la Croix*, est un chef-d'œuvre de l'école romaine (XIe-XIIe siècle) riche de réminiscences classiques et d'éléments byzantins. La nef de gauche abrite la chapelle de sainte Catherine, peinte par Masolino pour le cardinal Branda Castiglioni (1425-1428). Les images figurant des épisodes de la vie des saints s'égrènent avec grâce dans la lumière à la fois fraîche et printanière de l'église, et la force dramatique des légendes est atténuée par une narration qui renvoie à Fra' Angelico et à Ghiberti. La basilique inférieure, précédée d'un narthex, abrite la splendide fresque du *Miracle de saint Clément*, chef-d'œuvre du nouveau style romain du XIe siècle ; la représentation se caractérise par un style linéaire et élégant, peuplé d'éléments classiques réinterprétés conformément à la nouvelle manière. Dans la nef centrale, traversée par un mur soutenant la colonnade supérieure, on admirera d'autres fresques importantes ainsi que de très anciennes inscriptions en italien vulgaire. Sous l'abside se trouve l'admirable *mithraeum*.

Masolino da Panicale, Martyre de sainte Catherine *(détail), 1425-1428,* Saint-Clément

Triomphe de la Croix, 1128, Saint-Clément, cuvette de l'abside

Santi Quattro Coronati

Cette église est en réalité un ensemble d'édifices bâti autour du sanctuaire fondé au IVe siècle sur une salle romaine. Agrandie au VIIe et au IXe siècle, elle fut détruite par les Normands en 1084 et reconstruite avec des dimensions beaucoup plus réduites sous Pascal II. Durant les deux siècles suivants, l'ensemble fut transformé en monastère et l'on procéda notamment à l'édification de cloîtres. Après avoir passé une porte dominée par une tour très dépouillée (IXe-XIIe siècle), on accède à la première cour du monastère, puis à la seconde – pratiquée dans la partie antérieure de l'édifice antique à laquelle appartiennent les colonnes. Sur la droite, la chapelle Saint-Sylvestre est ornée d'admirables fresques d'influence byzantine, en parfait état de conservation (1246). L'intérieur de la basilique, qui présente trois nefs séparées par des colonnes antiques, est d'une grande simplicité. Le pavement est de facture cosmatesque tandis que le plafond date du XIe siècle. Les murs contiennent les colonnades extérieures de l'édifice le plus ancien. Sous le presbytère, se trouve une crypte du IXe siècle. On accède au délicieux cloître bâti en 1220 par la nef de droite.

Santi Quattro Coronati, tour de l'entrée, IXe-XIIe siècle

Santi Quattro Coronati, cloître, début du XIIIe siècle

Santo Stefano
Rotondo,
extérieur et
intérieur,
ve siècle

Santo Stefano Rotondo

Ce temple spectaculaire édifié sur le modèle du Saint-Sépulcre de Jérusalem est la première église de Rome construite sur un plan central (ve siècle). Elle se compose de deux promenoirs concentriques soutenus par de magnifiques colonnades ; la colonnade extérieure était ingénieusement coupée par les bras de la croix grecque qui entouraient le cylindre central.

Une importante restauration statique fut réalisée en 1453. Probablement entamée par Alberti, elle fut effectivement mise en œuvre par Rosselino qui élimina le promenoir externe.

Ramené à la première couronne de colonnes, et une fois les entrecolonnements murés, le promenoir reçut une charpente en bois percée d'oculus et de fenêtres géminées dans le style du xve siècle. L'édifice passa donc de la continuité spatiale byzantine, où le rapport extérieur/intérieur variait à l'infini en fonction de la lumière, à la centralité renaissante qui enferme les lieux dans une configuration géométrique et volumétrique totalement séparée de l'extérieur.

Santi Giovanni e Paolo

Cette église, élevée au IVe siècle sur le *titulus* (c'est-à-dire la maison d'un particulier) des deux martyrs, fut endommagée à maintes reprises. Restaurée au XIIe siècle par Pascal II, et modifiée à partir du XVIIIe siècle, elle retrouva son aspect d'origine en 1952. La façade est précédée d'un élégant portique architravé du XIIe siècle, époque à laquelle remonte également le clocher jouxtant le couvent (sur la droite). L'intérieur à trois nef reflète le goût du XVIIIe mais conserve tout de même ses colonnes antiques auprès des piliers. Des fouilles effectuées sous l'église ont permis de dégager différentes salles romaines – dont certaines christianisées – ornées d'importantes fresques, ainsi qu'un oratoire médiéval. À gauche de l'église, on emprunte le pittoresque *clivo di Scauro*, une ancienne voie romaine surmontée de sept arcs (Ve-XIIIe siècle) d'où l'on a une magnifique vue de l'abside.

Santa Maria in Domnica

Élevée au VIIe siècle, elle fut reconstruite par Pascal Ier au IXe siècle. L'église fut ensuite remaniée par Andrea Sansovino qui la dota de son élégant portique. L'intérieur présente un plan basilical à trois nefs séparées par dix-huit belles colonnes antiques de granit gris, couronnées de chapiteaux corinthiens.

Le plafond à caissons est du XVIe siècle, tandis que l'arc triomphal est soutenu par de splendides colonnes antiques en porphyre à chapiteaux ioniques. Le grandiose arc triomphal et l'intérieur de l'abside conservent de superbes mosaïques d'influence byzantine (IXe siècle).

Santi Giovanni e Paolo, clocher, XIIe siècle

Santa Maria in Domnica, intérieur; VIIe-IXe siècle

La Vierge, l'Enfant, plusieurs anges et le pape Pascal Ier, *IXe siècle, Santa Maria in Domnica*

Thermes de Caracalla

Les ruines colossales des thermes construits par Caracalla de 212 à 217 sont complètement dépourvues de constructions postérieures, et constituent à ce titre l'exemple le plus grandiose et le mieux conservé d'un vaste établissement de bains impérial. Selon un schéma arrêté au temps de Néron, les thermes s'étendent à l'intérieur d'un grandiose mur d'enceinte de 337 × 328 mètres, qui renferme une ceinture de jardins au centre desquels se dresse l'établissement thermal en tant que tel, alimenté par une énorme citerne pratiquée dans les pentes de la colline. Les bains occupent une aire de 220 × 114 mètres et se développent selon un axe central où se succèdent les espaces principaux (*frigidarium*, *salle basilicale*, *tepidarium*, *calidarium*) flanqués symétriquement de deux gymnases et de vestiaires. À partir de l'entrée actuelle, on accède directement au corps central et l'on peut emprunter un parcours analogue à celui de l'Antiquité. Du vestibule, on passe, à droite, dans l'*apodyterium* (ou vestiaire) d'où l'on accède à un gymnase découvert et entouré d'un portique sur trois de ses côtés. Au-delà d'une porte située sur le côté sud, les baigneurs entraient dans quatre salles chauffées et dotées de baies panoramiques, puis dans l'immense *calidarium* circulaire, recouvert d'une coupole, et orienté de manière à pouvoir bénéficier de la meilleure exposition possible. La petite salle suivante, à savoir le *tepidarium*, conduit à l'énorme « basilique » (58 × 24 mètres), à l'origine couverte de trois voûtes d'arêtes, très richement décorée. Un petit escalier conduit à une piscine découverte tout aussi vaste et ornée de statues placées dans des niches. Les immenses souterrains abritent un grand *mithtraeum*.

Thermes de Caracalla, gymnase est, calidarium et salle adjacentes ; gymnase ouest, 212-217

Trastevere

L'île Tibérine et Trastevere

L'île Tibérine est reliée aux berges du fleuve par deux ponts. Le pont Fabricius, en parfait état de conservation, et le pont Cestius.

La zone située au-delà du Tibre ne fut urbanisée que vers la fin de la République, avec la création d'importantes structures commerciales inhérentes aux structures portuaires avoisinantes, autour desquelles se développèrent les quartiers populaires, tandis que sur les pentes du Janicule fleurissaient les demeures patriciennes. À la fin de l'Empire, ce périmètre se dépeupla et il fallut attendre le XIe siècle pour y voir réapparaître d'importants complexes religieux.

Avec la construction du *ponte Sisto* et, plus tard, l'aménagement de l'axe de la via della Lungara – créé par Bramante pour Jules II en même temps que sa parallèle, la via Giulia (1508-1512) –, de superbes villas aristocratiques donnant sur le fleuve ou sur les pentes verdoyantes de la colline commencèrent à surgir auprès des quartiers populaires.

Au XVIIe siècle, la zone fut entourée de remparts et on commença la construction des fabriques et des grandes institu-

tions de secours qui devaient jouer un rôle déterminant dans le développement du quartier. Celui-ci fut définitivement urbanisé durant la seconde moitié du XIXe siècle.

La réalisation des quais du Tibre et les démolitions entraînées par le percement du viale Trastevere – qui donna lieu à d'importantes transformations sociales – ont profondément modifié l'aspect du quartier dont le charme reste cependant entier.

L'île Tibérine
et les ponts
Fabricius et Cestius

Pages suivantes

Domenico Paradisi,
Luigi Barattoni,
Santa Cecilia in
Trastevere,
intérieur,
1724

Stefano Maderno,
Sainte Cécile,
1600,
Santa Cecilia
in Trastevere

Arnolfo di Cambio,
Ciboire,
1293
Santa Cecilia
in Trastevere

Santa Cecilia in Trastevere

Cette grandiose basilique, construite entre le XIIᵉ et le XIIIᵉ siècle sur un *titulus* du Vᵉ siècle, fit l'objet d'importantes interventions, notamment au XVIIIᵉ, qui ont profondément modifié l'aspect médiéval de l'église. La superbe entrée permet d'accéder à la grande cour sur laquelle donne la façade de l'église, remaniée au XVIIIᵉ siècle, mais qui conserve son portique architravé du XIIᵉ siècle. Le campanile est de 1113. On accède à l'intérieur en empruntant un vestibule. Les trois nefs soutenues par des piliers englobent les colonnes d'origine, conférant ainsi à l'intérieur de la basilique un souffle et un aspect typique du XVIIIᵉ siècle. Dans le presbytère on peut voir le ciboire, chef-d'œuvre d'Arnolfo di Cambio, présentant des structures architecturales d'allure gothique à la fois élégantes et équilibrées, ainsi que des sculptures renvoyant à des modèles antiques réinterprétés avec naturalisme et humanité (1293). Dans la châsse située sous le ciboire, se trouve la très

émouvante *Sainte Cécile* de Stefano Maderno (1600) « aussi fidèle qu'un calque » au corps tel qu'il fut retrouvé en 1599. Dans la cuvette de l'abside on peut encore voir l'importante mosaïque, très remaniée, du IXᵉ siècle. Depuis le cloître du XIIᵉ siècle – dont la structure fut hélas fort altérée – on accède au chœur des Nonnes, où l'on peut admirer ce qu'il reste de la superbe fresque du *Jugement dernier* peinte par Pietro Cavallini en 1293, une œuvre qui marqua un tournant fondamental dans la peinture de la fin du Moyen Âge car le peintre romain anticipe, ou du moins développe parallèlement à Giotto les propositions du grand maître toscan. Les figures des apôtres sont figurées avec une sérénité et une humanité classique, les visages, caractérisés par des expressions puissamment individuelles, manifestent une réalité éthico-spirituelle complexe. La couleur, affranchie des conventions byzantines, est dense et empâtée, ce qui permet de mettre en valeur la monumentalité des figures en soulignant leur rôle dans l'ensemble de la composition.

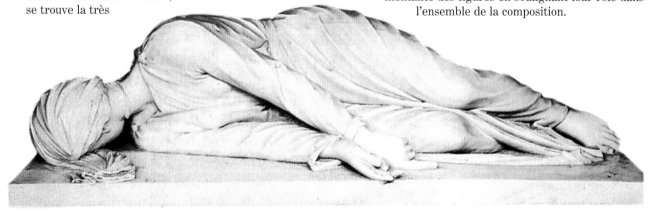

Santa Maria in Trastevere

Cette église, qui constitue peut-être le premier bâtiment chrétien de Rome, fut fondée vers 220 par le pape Calixte à l'endroit où jaillit soudain du pétrole en 38 av. J.-C. Cet épisode fut interprété comme l'annonce de la naissance du Christ.

Réédifiée au IVᵉ siècle, son aspect actuel date du XIIᵉ siècle. L'église connut ensuite des remaniements et des restaurations entre le XVIᵉ et le XIXᵉ siècle, parachevés par l'intervention de Virginio Vespignani qui tenta de redonner à l'église son allure originelle.

La façade romane conserve encore (bien qu'elle soit altérée) sa frise en mosaïques du XIIIᵉ siècle ainsi que son campanile du XIIᵉ, tandis que les fresques datent du XIXᵉ siècle. En traversant le portique de Carlo Fontana (1702) ainsi que les portails antiques, on accède au merveilleux intérieur présentant un plan basilical à trois nefs, divisées par des colonnes architravées provenant des thermes de Caracalla. Le dallage cosmatesque et le ciboire ont été refaits par Vespignani ; le superbe plafond à caissons est de Dominiquin (1617), tandis que le chandelier pascal fut réalisé par les Vassalletto (XIIIᵉ siècle).

Les mosaïques, qui remontent à deux périodes différentes, sont exceptionnelles. Le *Couronnement de la Vierge*, l'*Agneau Mystique et les douze moutons* ainsi que la zone spéculaire de l'arc triomphal renvoient encore à l'art classique tout en intégrant des éléments byzantins (milieu du XIIᵉ siècle). Les *Histoires de la Vierge* visibles en dessous sont en revanche un chef-d'œuvre de Pietro Cavallini (1291), qui manifeste ici le passage du hiératisme byzantin

à l'humanisme naissant, en faisant évoluer ses personnages dans un espace à la structure hellénistique déjà doté d'un souffle solennel renvoyant à un nouveau classicisme. Même la couleur, très éloignée des abstractions et des stylismes chromatiques, contribue à créer des volumes solides sculptés par une « vraie lumière ». Sur la gauche du chœur, la chapelle Altemps, de Martino Longhi l'Ancien, constitue un exemple remarquable de « décor » maniériste (1585). Sur l'autel, on peut admirer une *Vierge de Clémence*, précieuse icône du VIe-VIIIe siècle peinte à l'encaustique.

Santa Maria in Trastevere XIIe siècle

Le Christ et la Vierge en majesté parmi les saints et le pape Innocent III, *1140-1143 Santa Maria in Trastevere*

Vierge de Clémence *VIe-VIIIe siècle Santa Maria in Trastevere*

Pages suivantes

Pietro Cavallini, Histoires de la Vierge : Présentation au Temple, *1291 Santa Maria in Trastevere*

San Pietro in Montorio

Cette église, érigée au IXe siècle fut reconstruite – peut-être par Baccio Pontelli – à la fin du XVe. La simple façade Renaissance précède une nef unique, flanquée de cinq chapelles sur chacun de ses côtés et dotée d'un chœur profond. La chapelle Borgherini (la première à droite, 1516-1524) est ornée de superbes peintures de Sebastiano del Piombo, pour lesquelles Michel-Ange fournit quelques dessins. Ces derniers furent interprétés par del Piombo avec un timbre visionnaire annonçant l'esthétique de la contre-réforme. Dans le premier cloître du couvent contigu on peut voir le *Tempietto* de San Pietro in Montorio. Ce chef-d'œuvre de perfection, réalisé par Bramante vers 1502-1506, devait trôner au centre d'une cour ronde dotée d'un portique (celle-ci ne fut jamais réalisée) qui aurait dû souligner la perspective créée par le centre idéal du bâtiment – qui correspondrait au trou où, selon la légende, fut enfoncée la croix de l'apôtre –, perspective se poursuivant ensuite dans le péristyle. Avec ce petit temple renaissant à plan central, Bramante jeta les bases théoriques des projets relatifs à la basilique Saint-Pierre, conçue à son tour comme un centre idéal de la chrétienté. L'escalier qui conduit à la crypte est de Bernin.

Sebastiano del Piombo, Flagellation du Christ, *1516 San Pietro in Montorio, chapelle Borgherini*

Donato Bramante, Tempietto *de San Pietro in Montorio, 1502-1506*

Baldassare Peruzzi, Villa Chigi (la Farnésine), façade tournée vers le jardin, 1509-1511

Villa Chigi (la Farnésine)

Cet ensemble donnant sur le Tibre – composé à l'origine de la villa, des écuries et d'une loggia dessinées par Raphaël – constitue, de par son extraordinaire appareil décoratif et ses proportions architecturales parfaitement harmonieuses, l'exemple le plus noble du début du classicisme romain. Bâtie par Baldassare Peruzzi pour le compte du banquier siennois Agostino Chigi, la Farnésine fut endommagée durant le sac de Rome. Plusieurs fois altérée à l'occasion des nombreux passages de propriété, elle fut enfin amputée lors de la construction des berges du Tibre. Après avoir été cédée à l'État, la villa fut restaurée à plusieurs reprises. Le bâtiment s'articule autour d'un corps central donnant lieu à deux ailes qui encadrent la loggia ouvrant sur le jardin, ce qui permet d'établir un lien insolite entre l'intérieur et l'extérieur. De l'entrée sud, on passe à la *Salle de Galatée*, dont la voûte présente une fresque de Peruzzi figurant avec élégance les thèmes astrologiques relatifs à l'horoscope d'Agostino Chigi (1511), tandis que, dans les lunettes, Sebastiano del Piombo illustre les « poésies » les plus délicates de l'époque, en interprétant des épisodes tirés d'Ovide avec une fantaisie et une liberté dans le traitement de la composition, de la lumière et de la couleur directement issues de sa formation giorgionesque (1511-1512).

Del Piombo est aussi l'auteur du romantique *Polyphème*, plongé dans une atmosphère transparente, vibrante de couleur (1512-1513).

Baldassarre Peruzzi,
Salle des
Perspectives,
1517-1518
Villa Chigi,
(la Farnésine)

Raphaël,
Le Concile
des Dieux,
1517-1519
Villa Chigi
(la Farnésine),
Loggia de Psyché

Raphaël,
Le Triomphe
de Galatée,
1512
Villa Chigi
(la Farnésine)

Tout de suite après, Raphaël peignit *Galatée* (1513-1514), dont il anima l'intellectualisme classicisant grâce à la clarté et à la vivacité de la couleur, grâce au rythme « musical » qui accompagne les groupes de figures. Raphaël se limita en revanche à fournir les dessins de la *Loggia de Psyché*, confiant l'exécution de l'œuvre à ses collaborateurs. C'est pourquoi l'ensemble, imaginé comme un grand pavillon avec tonnelle donnant sur le jardin, ne présente pas – tout en demeurant très agréable – le lyrisme intime et mesuré des œuvres autographes de l'artiste (1517). La frise remarquable qui donne son nom à la salle contiguë (à savoir la sal-

le de la Frise) fut peinte par Peruzzi. À l'étage supérieur s'ouvre le *Salle des Perspectives*, génial et habile trompe-l'œil de Peruzzi, qui simule une loggia ouverte sur la Rome de l'époque (1517-1518). Les graffitis visibles sur le crépi remontent au sac de Rome. La chambre à coucher fut peinte par Sodoma et figure des scènes de la vie d'Alexandre. Le peintre siennois réalisa là une œuvre opulente, souvent surchargée, riche en motifs léonardesques, plus tard alourdis par une recherche de classicisme (1517).

Le Vatican

Château Saint-Ange

La construction du château, qui devait être le mausolée de la famille impériale, fut commencée par Hadrien et terminée par Antonin le Pieux en 139.

Cet édifice colossal, qui s'inspire à l'évidence du mausolée d'Auguste, était à l'origine constitué d'un tambour cylindrique de 21 mètres de haut et de 64 mètres de diamètre ; le tambour en maçonnerie était revêtu de tuf, de péperin et de travertin.

La couverture extérieure, en marbre, était peut-être rythmée par des pilastres surmontés de statues. À l'intérieur et au-dessus de la chambre sépulcrale, se dressait une sorte de grosse tour carrée à plusieurs étages, surmontée d'un temple cylindrique à colonnes sortant du corps inférieur. Au sommet, trônait un quadrige de bronze avec la statue d'Hadrien.

En 271, Aurélien fit du mausolée une place forte avancée du mur d'enceinte dont il avait entouré la ville. À la fin du XIVe siècle on ajouta de nouvelles fortifications ; le mausolée était désormais le siège du pouvoir temporel et parfois même la demeure des papes. Durant la seconde moitié du XVe siècle, on éleva de puissants donjons angulaires, rehaussés vers la fin du XVIe siècle lorsqu'on éleva autour du château un solide bastion octogonal mutilé suite à la construction des berges du Tibre. Depuis 1925, le château abrite le Museo Nazionale di Castel Sant'Angelo qui regroupe d'importantes peintures et différents objets.

Les salles du château sont nombreuses et d'un grand intérêt : on mentionnera notamment la rampe hélicoïdale et la chambre funéraire (époque d'Hadrien) ; la loggia de Jules II et celle de Paul III ; les prisons ; les réserves abritant les spectaculaires jarres à huile d'Alexandre VI ; la salle de l'Apollon, une somptueuse pièce de représentation au riche décor maniériste conçu par Perin del Vaga pour le compte de Paul III et réalisée par de nombreux artistes (1546-1548) ; la chambre de Persée dont la splendide frise, à l'instar du plafond, est due à Perin del Vaga.

Pont Saint-Ange

Le pont Saint-Ange, construit par Hadrien pour accéder à son mausolée – de l'antique *pons Aelius*, 133-134, il ne reste que les trois arcades centrales – fut orné des précieuses statues (1534) de *Saint Pierre* (Lorenzetto) et de *Saint Paul* (Paolo Taccone) qui se dressent sur la culée du pont opposée au château. Après 1668, Bernin élabora les modèles qui servirent à la réalisation des célèbres anges accompagnés des symboles de la Passion. Les anges, qui présentent de violents contrastes clairs-obscurs, ont fait du pont conduisant à la masse imposante du château l'un des panoramas baroques les plus célèbres de Rome.

*Pont et Château
Saint-Ange*

*Le Tibre
et le Pont
Saint-Ange*

Place Saint-Pierre

Pour construire la place Saint-Pierre, Bernin dut affronter de nombreux problèmes brillamment résolus et dont les solutions (en partie inspirées des propositions de ses prédécesseurs) donnent lieu à un résultat surprenant, comme en témoigne le choix, totalement novateur mais profondément lié à la tradition classique, d'ériger une colonnade indépendante couronnée par un entablement rectiligne. Cette colonnade spectaculaire est surmontée d'une foule de statues de saints dont les figures entendent exalter la joie des fidèles. Cette place ovale, construite autour d'un centre symbolique représenté par l'obélisque du cirque de Caligula érigé par Domenico Fontana en 1586, et par les deux fontaines, exprime au plus haut point la dignité des lieux, tandis que les ailes de la colonnade rendent parfaitement l'idée berninienne des bras ouverts de l'Église universelle. Les quatre rangées de colonnes, dont la perspective varie à l'infini selon le point de vue, donne une impression plastique et volumétrique d'une puissance inouïe. C'est donc à un sculpteur que l'on doit la plus grande réalisation architecturale de l'âge baroque (1656-1667).

Quelques chiffres suffisent à décrire la majesté de la place : les dimensions intérieures de l'ellipse sont de 198 × 148 mètres ; les couloirs rectilignes, convergeant vers le centre de la place, ont une longueur de 120 mètres et sont séparés entre eux par 98 et 114 mètres ; les colonnes sont au nombre de 248, les piliers (de 16 mètres de hauteur) sont au nombre de 88 ; la place compte 140 statues hautes de 3 mètres. Les blasons sont ceux d'Alexandre VII. L'obélisque, érigé à Héliopolis en 1935 av. J.-C., et transporté à Rome sur l'ordre de Caligula pour orner son cirque, mesure 25 mètres de haut et pèse 327 tonnes. Ce monument fut le témoin du martyr des premiers chrétiens durant l'automne 64. La fontaine de droite est de Carlo Maderno (1613) tandis que celle de gauche est l'œuvre de Carlo Fontana (1677).

La Basilique Saint-Pierre

La basilique, qui avait une fonction essentiellement funéraire, fut élevée par Constantin sur le sépulcre de Pierre (v. 320). En 1452, Bernardo Rossellino commença la reconstruction de la zone absidale à la demande de Nicolas V. Le projet, interrompu, fut radicalement repensé par Jules II qui décida de reconstruire toute la basilique selon le goût de son temps et d'en faire le mausolée de son immense tombeau dont il confia la réalisation à Michel-Ange.

Bramante commença les travaux en 1506 : il procéda à la totale démolition de la zone absidale en jetant les bases d'un édifice en croix grecque aux dimensions colossales. À partir de 1546, la construction fut poursuivie par Michel-Ange qui simplifia le plan de Bramante – une croix grecque surmontée d'une coupole – et opta pour l'édification de trois absides et de quatre coupoles plus modestes surmontant les chapelles angulaires.

À la mort de Michel-Ange (1564), le mur sud était terminé de même que l'intégralité de l'abside de gauche – qui devait servir de modèle aux autres – ainsi que le tambour de la coupole. Après de nombreuses hésitations, cette dernière ne fut couverte d'une voûte qu'en 1588-1589 par Giacomo Della Porta puis par Domenico Fontana.

L'édifice michélangelesque, encore inachevé, fut profondément remanié à la demande de Paul V qui, voulant affirmer la grandeur liturgique de l'Église catholique triomphante, chargea Maderno de prolonger la basilique à l'aide de trois

Pages précédentes

Place Saint-Pierre
Vatican

Bernin,
Place Saint-Pierre,
1656-1667
Vatican

Obélisque
du Vatican,
Vatican,
Place Saint-Pierre

Saint-Pierre,
vue de la coupole,
1546-1589
Vatican

travées et de terminer la façade actuelle (1614). L'imposante façade – précédée d'une rampe d'escalier à trois paliers réalisée par Bernin – s'articule autour d'un seul ordre de colonnes et des pilastres corinthiens aux dimensions colossales.

Le porche et les portes

Sur la droite du porche se trouve la *Statue équestre de Constantin*, spectaculaire chef-d'œuvre de Bernin figurant le moment de la vision et de la révélation éternelle de l'empereur, qui se découpe devant un drap grandiose auquel le sculpteur a imprimé une vibration faite de clairs-obscurs (1654-1668).

Derrière la statue, s'ouvre la Scala Regia une invention géniale de Bernin qui parvint à créer l'impression d'un escalier vaste et majestueux en corrigeant, à l'aide de jeux d'optique, le rétrécissement de l'espace (1663-1666). De l'autre côté du porche se trouve la *Statue équestre de Charlemagne* par Cornacchini (1725).

La grandiose porte médiane conserve ses anciens battants réalisés par Filarete, et présente de nombreux motifs

Filarete,
Crucifixion
de saint Pierre,
1433-1435
Vatican,
Saint-Pierre,
porte centrale

Bernin,
Statue équestre
de Constantin,
1654-1668
Vatican,
Palais du Vatican,
Scala Regia

Bernin,
Baldaquin
de Saint-Pierre,
1624-1633
Vatican,
Saint-Pierre

Saint-Pierre,
intérieur
Vatican

humanistes cependant associés de matière chaotique et redondante (1433-1445). À gauche de la porte médiane, la *Porte du Bien et du Mal* (1977) de Luciano Minguzzi témoigne d'un fort engagement social ; quant à la *Porte de la Mort*, chef-d'œuvre de Giacomo Manzù ardemment voulu par Jean XXIII (1949-1964), elle nous propose une réflexion douloureuse, dramatique et parfois atroce sur la violence, mais constitue également un hymne à la vie vibrant et plein d'humanité, exprimé à travers un langage essentiel.

L'intérieur

L'intérieur à plan central en croix grecque présente trois nefs et possède une structure à la fois simple et puissante, caractéristique des églises de la contre-réforme. Mais c'est en analysant de près les détails que l'on perçoit la démesure des proportions.

La monumentale voûte en berceau de Maderno, qui correspond aux trois travées ajoutées sur l'ordre de Paul V, ne permet pas d'embrasser d'un seul regard le projet de Michel-Ange. De l'alternance rapide des masses et des espaces, se dégage soudain la coupole parfaitement hémisphérique, qui semble comme suspendue au-dessus de l'immense espace grâce à la lumière émanant de l'anneau formé par les fenêtres.

L'église, dont l'aspect sévère correspond à la conception en vogue au XVIe siècle, est alourdie par la nef greffée par

Maderno sur la puissante structure de Michel-Ange. La basilique fut profondément transformée par Bernin qui nous laissa, outre le dessin général de l'appareil décoratif, deux œuvres témoignant à la fois de ses talents d'architecte et de sculpteur.

Tout d'abord, le *Baldaquin* (1624-1633) – constitué de quatre colonnes torses en bronze aux dimensions colossales soutenant un faîte – qui contraste violemment avec les piliers et les autres éléments structuraux de la construction. Le mouvement rotatoire des colonnes imprime à l'espace une soudaine accélération vers le haut, ceci dans un crescendo de liberté créative résumé par les statues en ronde-bosse qui semblent soutenir le globe.

L'autel papal donne quant à lui sur la *Confession*, richissime décor créé par Carlo Maderno pour la tombe de saint Pierre. Derrière le baldaquin, la *Chaire de saint Pierre* (1656-1666) est peut-être l'œuvre la plus complexe de Bernin et elle est conçue pour être vue à travers le filtre constitué par le baldaquin.

La fusion de différents matériaux et techniques artistiques – sculpture, peinture, architecture – est parfaite et l'observateur est littéralement happé par la puissance d'une œuvre oscillant entre réalité et fiction, immobilité et mouvement, lumière et matière, le tout orchestré dans une totale liberté et capacité créative.

De part et d'autre de la chaire, deux splendides tombes papales en bronze : sur la gauche, le *Monument funéraire de Paul III*, chef-d'œuvre maniériste de Guglielmo Della Porta (1576) ; sur la droite, le *Monument d'Urbain VIII* (1627-1647) : ici, Bernin confère à la couleur une forte valeur symbolique, comme en témoigne la splendide opposition entre les figures sombres du pape et de la mort qui appartiennent à une dimension supraterrestre, et les blanches statues allégoriques de la *Charité* et de la *Justice* pétries d'humanité.

L'Art à Saint-Pierre

L'église est peuplée d'œuvres d'art, de souvenirs de la foi, de témoignages de l'histoire. Nous ne mentionnerons donc que les chefs-d'œuvre les plus remarquables comme les statues colossales au bas des piliers de la coupole : *Saint André* de François Duquesnoy, d'un classicisme quasi académique (1640), *Sainte Véronique* de Francesco Mochi, pleine d'emphase dramatique (1632), *Saint Longin* de Bernin, soutenu par la lumière bouillonnante de son manteau (1639).

La statue en bronze de *Saint Pierre*, une œuvre d'art solennelle probablement due à Arnolfo di Cambio (fin du XIIIe siècle) ; le *Monument funéraire des derniers Stuart* de Canova (1817-1819) ; le *Monument funéraire d'Innocent VIII* d'Antonio Pollaiolo, seul monument de l'ancienne basilique transporté dans le nouveau sanctuaire (1498) ; le *Monument funéraire d'Alexandre VI*, une œuvre magnifique réalisée par Bernin et ses collaborateurs à la fin de la carrière du sculpteur (1672-1678) ; la chapelle Colonna, avec un monumental relief d'Algardi figurant la *Rencontre d'Attila et de Léon le Grand* (1646-1653) ; le *Monument funéraire de Clément XIII* de Canova (1783-1792) ; la chapelle du Saint Sacrement, précédée d'une grille en fer forgé de Borromini, avec son somptueux tabernacle en bronze doré, les anges de Bernin (1674) et le tableau d'autel représentant la *Trinité* de Pierre de Cortone (1628-1631) ; La *Pietà*, célébrissime chef-d'œuvre de jeunesse de

Cour du Belvédère,
détail de la cour
de la « Pigna »,
1504-1560
Vatican,
Musées du Vatican

Apollon du Belvédère,
copie du début
du IIᵉ siècle d'aprés
un original de
Léocharès
Vatican,
Musées du Vatican

Michel-Ange qui sut faire fusionner le goût analytique du *Quattrocento* avec une dimension monumentale pour sculpter l'une des plus extraordinaires images de la Vierge qui, encore jeune fille, semble observer avec une résignation douloureuse le corps de son fils mort (1498-1499). Le trésor de Saint-Pierre abrite quant à lui le *Monument funéraire de Sixte IV*, chef-d'œuvre renaissant de Pollaiolo (1493) et le sarcophage de Junius Bassus, préfet de Rome converti au christianisme.

Cour du Belvédère

Conçue par Bramante, cette cour s'étendait entre le palais du Vatican et le Palazzetto d'Innocent VIII. La cour était flanquée de deux bras où des jeux d'optique raffinés corrigeaient la perspective déterminée par la longueur et le dénivelé s'étageant sur trois terrasses. La niche monumentale abritant la *Pigna* (une pomme de pin gigantesque) fut construite par Pirro Ligorio.

Les édifices donnant sur la cour du Belvédère abritent les nombreuses collections des différents musées du Vatican : le Museo Gregoriano Egizio, le Museo Chiaromonti, le Museo Pio-Clementino avec des sculptures grecques et romaines d'une importance exceptionnelle : dans la cour octogonale se trouve le célèbre groupe de *Laocoon* qui se caractérise par la virtuosité extrême de sa facture, de profonds clairs-obscurs et un accent fortement pathétique (160-130) ; l'*Apollon du Belvédère* de Léocharès (350-330) qui impressionna Winckelmann au point de conditionner toute l'interprétation de l'art classique ; *Hermès*, une réplique datant de l'époque d'Hadrien d'un original mélancolique de Praxytèle (milieu du IVᵉ siècle av. J.-C.) ; *Persée*, une sculpture s'inspirant clairement de l'*Apollon* (1797-1801) ainsi que *Creugante et Damoxène* (1795-1806) de Canova. Plus loin se trouve le fameux *Torse du Belvédère*, une œuvre d'Apollonius (milieu du Iᵉʳ siècle av. J.-C.) qui influença profondément l'art de Michel-Ange. Au Museo Gregoriano Etrusco sont présentées les extraordinaires pièces archéologiques retrouvées dans la tombe Regolini-Galassi remontant au milieu du VIIᵉ siècle av. J.-C., et l'amphore antique à figures noires avec Achille et Ajax jouant aux dames, une œuvre d'une intensité « tragique », chef-d'œuvre d'Exékias (530 av. J.-C.).

Palais et Musées du Vatican

Les palais du Vatican eurent relativement peu d'importance jusqu'à ce que les papes ne décident d'en faire leur demeure (ils habitaient auparavant au palais du Latran). Les palais furent ensuite sans cesse agrandis et, à partir de l'époque de Nicolas V, ils commencèrent de ressembler à l'image que nous en avons aujourd'hui. Sixte IV fit construire la chapelle Sixtine (1475-1481). Bramante, surintendant général de toutes des constructions papales, réalisa pour Jules II l'édifice raccordant le petit palais d'Innocent VIII et les palais (la construction s'articule sur trois étages et culmine dans une vaste exèdre), et pour Léon X les loggias achevées par Raphaël. D'autres corps de bâtiments furent élevés durant les années suivantes, mais c'est vers la fin du XVIIIᵉ siècle que l'on commença de transformer les palais en musées destinés à abriter les extraordinaires collections

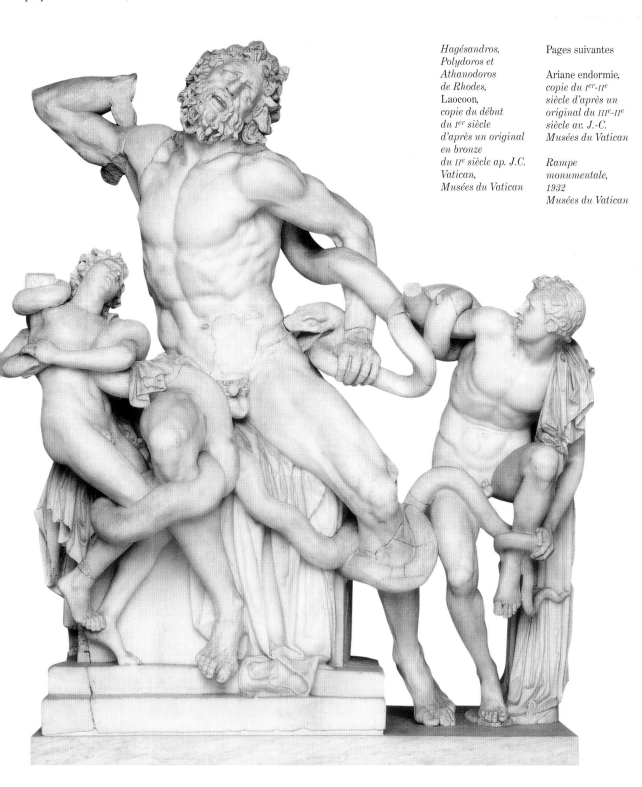

Hagésandros, Polydoros et Athanodoros de Rhodes, Laocoon, copie du début du Iᵉʳ siècle d'après un original en bronze du IIᵉ siècle ap. J.C. Vatican, Musées du Vatican

Pages suivantes

Ariane endormie, copie du Iᵉʳ-IIᵉ siècle d'après un original du IIIᵉ-IIᵉ siècle av. J.-C. Musées du Vatican

Rampe monumentale, 1932 Musées du Vatican

*Galerie des cartes
de géographie
Vatican,
Palais du Vatican*

*Raphaël,
le* Parnasse *et
l'*École d'Athènes,
*1509-1511
Vatican,
Palais du Vatican,
Chambre de la
Signature*

Pages suivantes

Raphaël,
La Messe
de Bolsena, *1512
Vatican, Palais du
Vatican, Chambre
d'Héliodore*

archéologiques (les plus importantes au monde) ainsi que des peintures de toute première importance. Les meilleurs architectes néoclassiques participèrent aux travaux, dont Raffaele Stern qui construisit le Braccio Nuovo. Ne pouvant mentionner ici l'ensemble des œuvres qui constituent les immenses collections du Vatican, nous évoquerons les sections et les chefs-d'œuvre les plus importants.

Chambres de Raphaël

Construites sous le pontificat de Nicolas V, les chambres furent peintes à la fresque entre autres par Andrea del Castagno et Piero della Francesca. En 1508, Jules II, las d'hàbiter à l'étage inférieur dans l'appartement décoré par Pinturicchio pour Alexandre IV, appela un groupe d'artistes, bien vite supplantés par le seul Raphaël, pour décorer les chambres. Raphaël y travailla, avec l'aide de collaborateurs de plus en plus nombreux, de 1509 à 1517.

Chambre de la Signature

Il s'agit du chef-d'œuvre de Raphaël (1508-1511) – qui ne fut aidé par ses collaborateurs que pour les parties secondaires – et c'est également l'une des plus sublimes expressions de la culture de la Renaissance. L'iconographie entend signifier que la sagesse antique est complémentaire de la Révélation chrétienne à travers la célébration des idées du Bien, du Vrai et du Beau. Les concepts moraux, religieux et philosophiques sont envisagés à l'aune de l'aspiration renaissante au mythe de la *plenitudo temporum*, qui conduirait au renouveau du monde sous l'égide de l'Église et de Rome. La *Dispute du Saint Sacrement* (1509), qui figure en réalité le *Triomphe de l'Eucharistie et de l'Église*, s'articule autour du concept du sacrement eucharistique en tant que lien entre la terre et le ciel, en tant qu'expression de la Vérité révélée (le Bien) qui unit l'Église céleste et l'Église terrestre, incarnées par des héros prêts à bâtir une abside idéale. L'*École d'Athènes* (1509-1511) exalte en revanche la recherche rationnelle du Vrai à travers le triomphe de la Philosophie, génialement représentée par les figures de Platon et d'Aristote, centre de la composition, dont les gestes reflètent l'essence de leurs doctrines respectives. L'imposant bâtiment, de goût bramantesque, constitue l'ossature figurative et conceptuelle de la composition. Aux philosophes occupés à discourir – on reconnaîtra parmi eux de nombreux contemporains de Raphaël (qui s'est représenté en bas à droite) – se mêlent des humanistes et des artistes qui entrent de plein droit dans l'assemblée des savants puisque la peinture est élevée au rang d'art libéral. Au premier plan, la figure solitaire d'Héraclite fut ajoutée dans un second temps (1511) et constitue un hommage à Michel-Ange, sous les traits duquel est figuré le philosophe grec. La vérité devinée à travers le Beau est le sujet du *Parnasse*, merveilleuse composition organisée autour de la figure de l'Apollon citharède entouré des Muses et de dix-huit poètes antiques et modernes (1510-1511). La dernière lunette est consacrée à la figuration des *Vertus* (1511) et domine les scènes relatives à la *Justice*, presque entièrement peintes par l'atelier de Raphaël. Sur la voûte : la *Théologie*, la *Justice*, la *Philosophie* et la *Poésie* résument les scènes sous-jacentes et les personnifications sont flanquées de quatre figurations symboliques, le *Péché originel*, le *Jugement de Salomon*, l'*Astronomie*, *Apollon et Marsyas*.

Chambre d'Héliodore

Cette chambre fut peinte entre 1511 et 1514, et Raphaël y développe le thème de l'intervention « historique » de Dieu en faveur de l'Église à travers des références explicites à la politique contemporaine de Jules II. Raphaël passe donc de la méditation classique à l'agitation dramatique de l'événement historique, restitué par le biais d'un colorisme d'influence vénitienne superbement maîtrisé. Les épisodes figurés sur le plafond se rapportent aux interventions divines en faveur d'Israël et sont liés aux scènes sous-jacentes. La figuration d'*Héliodore chassé du temple* est particulièrement spectaculaire et repose sur la fulgurante perspective inversée des coupoles qui projettent vers l'extérieur et au premier plan la scène dramatique à laquelle assiste, impassible, le pape Jules II. La *Messe de Bolsena* résout le problème de l'asymétrie de l'espace disponible en prolongeant l'autel et en équilibrant le dynamisme des figures de gauche grâce à l'extraordinaire chromatisme des

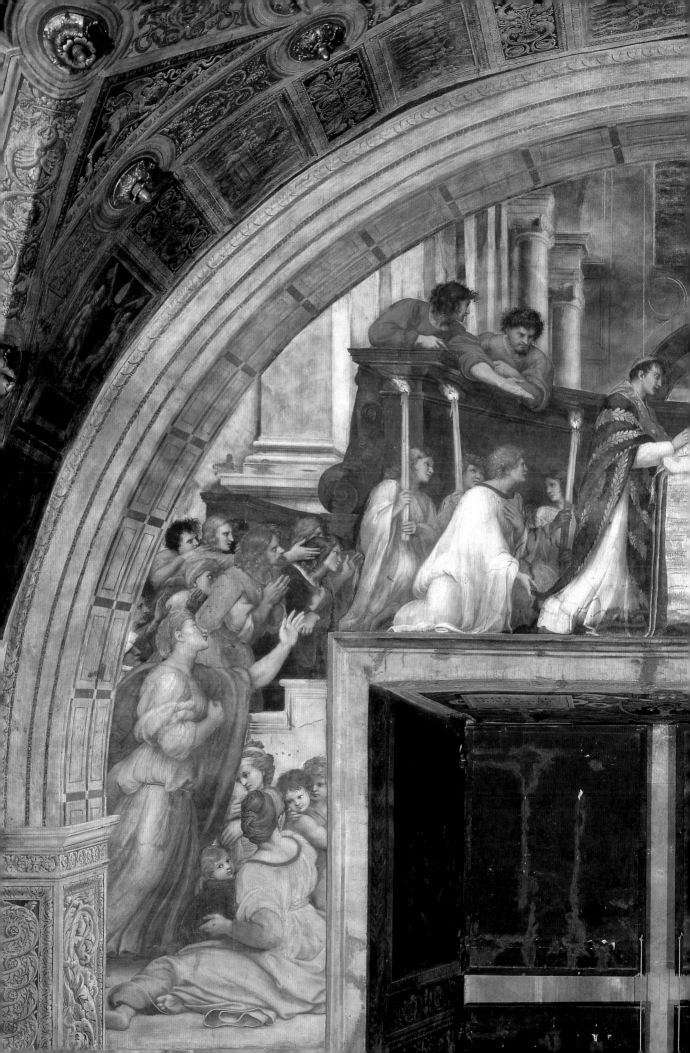

« sediari » ou porteurs de la chaise gestatoire, représentés à droite sous la figure de Jules II. La tension inhérente à l'événement historique contraste avec la sérénité des personnages. La *Délivrance de saint Pierre*, construite sur la description simultanée de plusieurs moments, est entièrement centrée sur la lumière aveuglante libérée par l'ange, une lumière contrastant avec celle de la lune qui produit de surprenants effets de contre-jour et de vibrants reflets sur les armures. Dans *Saint Léon le Grand arrête Attila*, une figuration due en bonne partie à Penni et à Jules Romain, s'affrontent le classicisme racheté par le christianisme, et la barbarie chaotique.

Chambre de l'Incendie du Bourg

La chambre de l'*Incendie du Bourg* (1514-1517) fut principalement peinte par les collaborateurs de Raphaël, qui dénaturèrent une partie des inventions du maître aux prises avec de multiples commandes. Le thème historico-politique de l'*Incendie* vibre d'accents ouvertement élogieux pour le pape Léon X. Une autographie partielle est lisible dans la lunette de l'*Incendie* et figure le pape donnant sa bénédiction depuis l'ancienne basilique Saint-Pierre ainsi qu'*Énée fuyant Troie en portant sur son dos le vieil Anchise*. La composition, très scénographique, est influencée par Michel-Ange et évolue au rythme d'une tragédie classique anticipant les intérêts théâtraux de la peinture du XVIIᵉ siècle.

Chapelle Sixtine

Cette chapelle fut construite pour Sixte IV sur des plans de Baccio Pontelli (1475-1481). Entre 1481 et 1483, on procéda à la décoration des murs avec un important cycle de fresques figurant des épisodes de l'Ancien Testament sur une paroi, et du Nouveau Testament sur le mur opposé, et ce conformément à l'iconographique classique qui envisageait les textes vétéro-testamentaires comme des « figures » du Nouveau Testament. Des peintres ombriens et toscans participèrent à l'entreprise : Pérugin, Pinturicchio, Signorelli, Cosimo Rosselli, Piero di Cosimo, Ghirlandaio et Botticelli. La qualité des représentations est inégale. Parmi les plus significatives, on signalera : la *Remise des clés à saint Pierre* de Pérugin dont la spatialité, bien qu'ingénue, présente un souffle imposant, la *Tentation du Christ*, les *Filles de Jethro*, la *Punition de Coré et Dathan et Abiron* de Botticelli, qui constitue peut-être le plus bel épisode de la série. Les fresques qui ornent le côté opposé à l'autel furent refaites en 1570. Les vingt-quatre figures de papes sont l'œuvre de Fra' Diamante, Ghirlandaio, Rosselli et Botticelli. Sur les fausses tentures peintes sur le soubassement, étaient accrochées les tapisseries réalisées par Raphaël narrant les légendes des Apôtres. La voûte était peinte telle un ciel étoilé.

La voûte

En 1506, Jules II décida de terminer la décoration de la chapelle et confia cette charge à Michel-Ange. Celui-ci peignit pratiquement seul les 800 mètres carrés de la voûte ainsi que les 300 figures ; c'est au prix de multiples tourments que Michel-Ange acheva ce travail harassant entamé en 1508. Au terme d'une longue gestation, Michel-Ange conçut une machine architecturale destinée à « soutenir » les différents épisodes picturaux sans recourir au moindre expédient illusionniste ou spatial. La voûte illustre les différentes étapes de l'aventure spirituelle de l'humanité, à savoir la condition précédant la Révélation (lunettes et quartiers avec les *Ancêtres du Christ* et pendentifs avec des épisodes vétérotestamentaires), l'épopée de la connaissance (*Prophètes*, *Sibylles*, *Ignudi*), et enfin la confrontation directe avec le ciel (légendes bibliques). Il s'agit en quelque sorte de l'humanité *ante legem* voyageant vers la grandiose intuition du divin. Michel-Ange commença par peindre le mur situé en face de l'autel et procéda par sections transversales. L'évolution stylistique de l'œuvre est parfaitement perceptible à l'analyse de certains éléments : la dimension des figures augmente progressivement jusqu'à empiéter sur les limites imposées par les différents espaces ; la pose des prophètes et des sibylles, celle des couples de *putti* cariatides et les nus couleur bronze entre les quartiers témoignent d'une inquiétude croissante qui donne finalement lieu à une agitation violente, souvent désespérée. Les *Ignudi*

Pages précédentes

Raphaël,
Chambre
d'Héliodore,
1511-1514
Vatican,
Palais du Vatican

Raphaël,
Chambre de
l'Incendie du Bourg,
1514-1517
Vatican,
Palais du Vatican

Chapelle Sixtine,
intérieur,
Vatican,
Palais du Vatican

Michel-Ange,
voûte et lunettes
de la Chapelle
Sixtine,
1508-1512
Vatican,
Palais du Vatican,
Chapelle Sixtine

Michel-Ange,
Sibylle de Libye,
1508-1512
Vatican,
Palais du Vatican,
voûte de la Chapelle
Sixtine

Michel-Ange,
Jugement dernier,
1536-1541
Vatican,
Palais du Vatican,
Chapelle Sixtine

deviennent de plus en plus monumentaux et présentent des poses complexes, artificielles, parfois tourmentées. Les épisodes de l'Ancien Testament passent de la *Raillerie de Moïse* à une fulminante figuration de *Dieu séparant la lumière des ténèbres*, une représentation d'une telle valeur symbolique et d'une telle puissance qu'elle semble bouleverser la figure de Jonas peinte plus bas. Il est impossible de décrire l'extrême nouveauté artistique et humaine de certaines scènes, mais il suffit pour cela de citer la *Création d'Adam* ou la théorie inquiétante, silencieuse et subtilement expérimentale des *Ancêtres du Christ*. Le nettoyage des fresques, achevé en 1990, a rendu aux peintures leur chromatisme chatoyant et illustre pleinement le rôle de Michel-Ange dans la crise anti-classique du XVIᵉ siècle.

Le Jugement dernier

En 1534, Clément VII, le pape qui, en 1527, avait enduré le sac de Rome, chargea Michel-Ange de représenter l'ultime épisode de l'histoire humaine, le *Jugement dernier*, en lieu et place de la *Résurrection* initialement prévue. Pour réaliser l'immense fresque, Michel-Ange supprima les peintures précédentes dont celles de deux lunettes qu'il avait lui-même décorées. Le 31 octobre 1541, l'œuvre était terminée. Lorsque la fresque du *Jugement* fut découverte, l'impact fut considérable surtout si l'on pense à la stupéfiante nouveauté de l'œuvre : les conceptions renaissantes y sont dissoutes dans un espace sans forme ni mesure, un espace infini mais dépourvu de profondeur, envahi par un bouillonnement de figures humaines, tantôt géantes tantôt minus-

cules, hors de toute logique perspective. Autant de personnages pris dans un mouvement rotatoire lent mais inéluctable mis en œuvre par le geste implacable du *Christ Juge*. La résurrection de la chair, réveillée par les trompettes des impressionnants anges aptères, est difficile et douloureuse, angoissante. Les âmes des élus s'élèvent tandis que celles des damnés précipitent vers l'enfer. L'humanité est effrayée ; les anges plient sous le poids des instruments de la Passion ; les martyrs présentent brutalement les outils de leur torture ; la Vierge, qui ne peut intercéder, se tourne. Tel un sceau apposé à ses tourments, Michel-Ange nous a laissé un autoportrait sur l'effrayant lambeau de peau brandi par saint Barthélemy.

L'œuvre suscita donc immédiatement une immense émotion, mais on la jugea inconvenante pour une chapelle papale, les observateurs devinant peut-être les échos peu orthodoxes de la figuration. Ne pouvant attaquer Michel-Ange – considéré par Vasari comme le plus grand artiste de tous les temps – sur des problèmes d'interprétation, les critiques visèrent l'obscénité des nus qui furent doté d'un pagne par Daniele da Volterra (1564), surnommé à cette occasion « Braghettone ». Ternie par des siècles de fumée et de repeints, la fresque a en grande partie retrouvé son chromatisme lumineux grâce au nettoyage terminé en 1994.

Raphaël,
Transfiguration,
1518-1520
Vatican,
Pinacothèque
Vaticane

Pinacothèque Vaticane

La pinacothèque abrite un extraordinaire ensemble de chefs-d'œuvre comme le *Jugement dernier*, une œuvre grandiose de l'école bénédictine romaine (fin du XIᵉ-XIIᵉ siècle) ou le *Polyptyque Stefaneschi* de Gentile da Fabriano, figurant la délicieuse légende de saint Nicolas (1425). On peut aussi admirer les *Légendes de saint Nicolas de Bari*, un « conte » poétique de Fra' Angelico (1437) et la *Vierge et l'Enfant*, une harmonieuse peinture sur bois de Pérugin (1496). Le groupe formé par les œuvres de Raphaël est extraordinaire, comme en témoignent : la *Madone de Foligno*, qui se caractérise par l'expressivité des regards et un paysage fantastique éclairé par la foudre (1511-1512) ; les dix tapisseries réalisées à Bruxelles d'après les dessins du maître (1514-1516) qui présentent des éléments extrêmement novateurs comme la construction du crescendo dramatique et la monumentalité équilibrée de l'œuvre ; la *Transfiguration*, une composition ambitieuse visant à attirer l'attention de l'observateur sur la scène inférieure pour lui permettre de mieux saisir la dimension ineffable de la vision figurée dans la partie supérieure. Les deux parties du tableau sont en outre liées par des effets luministes et chromatiques (l'œuvre fut achevée en 1518 par les disciples de Raphaël après la mort de celui-ci). On mentionnera également le *Saint Jérôme*, œuvre dramatique et inachevée de Léonard de Vinci (1480) ; la *Pietà* de Giovanni Bellini (1474) ; la *Déposition*, monumentale composition « classique » de Caravage (1602-1604) ; la *Crucifixion* de Guido Reni (1602) ; la *Communion de saint Jérôme*, tableau au pathos intense de Dominiquin (1614).

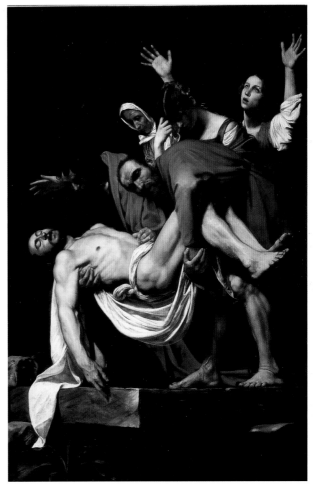

Caravage,
Déposition,
1602-1604
Vatican,
Pinacothèque
Vaticane

Giotto et collaborateurs,
Polyptyque Stefaneschi,
recto (à droite)
et verso (à gauche),
1320-1330
Vatican,
Pinacothèque
Vaticane

Les Remparts d'Aurélien

Les Remparts d'Aurélien

Rome est la seule grande ville européenne qui conserve encore la structure parfaitement lisible des murs d'enceinte romains. Ces derniers ont continué à remplir leur fonction – et donc à être restaurés – jusqu'en 1870.

Avec Auguste, le développement de la ville dépassa largement les murs d'enceinte républicains, qui furent alors abandonnés. Avec la crise du IIIe siècle, la situation changea radicalement et Aurélien décida de doter Rome le plus rapidement possible d'un nouvel ensemble de murailles. Cette entreprise colossale, qui se développait sur 19 kilomètres, fut achevée en quatre années seulement (271-275), avec l'aide de toute la main-d'œuvre disponible. On exploita avec soin chaque construction pouvant être englobée dans le parcours des murs, et on sacrifia de nombreux bâtiments susceptibles de fournir des matériaux de construction.

Les nouveaux murs, dotés d'une âme en mortier et d'un revêtement extérieur en briques, présentaient une hauteur de 6-8 mètres et une épaisseur d'environ 3,50 mètres. Ils étaient parcourus par un chemin de ronde crénelé, doté de meurtrières pour les archers et ponctué tous les cent pieds romains (environ tous les 30 mètres) par une tour en saillie

à plan carré, abritant une pièce percée de fenêtres où étaient placées deux balistes. Les nombreuses portes constituaient le point faible du système. Les plus importantes étaient des portes à deux arcs, tandis que les autres ne présentaient qu'une seule arcade, mais toutes étaient flanquées de deux tours semi-circulaires dotées d'un étage supérieur où se trouvait le treuil servant à manœuvrer la herse.

Porta Asinaria

Il s'agissait d'une entrée secondaire, dénuée de grandes tours et ne présentant qu'une seule porte. Honorius la renforça en y ajoutant un bastion interne et d'imposants donjons semi-circulaires qui englobaient la façade interne des tours carrées préexistantes.

Porta Ostiense et Pyramide de Caïus Cestius

Cette porte, isolée pour des raisons de viabilité, est aussi appelée porte Saint-Paul. Son histoire est semblable à celle de la porte Appienne. À remarquer les murs « en tenaille », extrêmement bien conservés, de la contre-porte.

Sur la gauche, on distingue la silhouette caractéristique de la pyramide de Caïus Cestius Épulon, témoignage d'une mode éclectique égyptisante dont il existait d'autres exemples à Rome. Le niveau actuellement surélevé du terrain prive le monument de son élan d'origine.

*Remparts
d'Aurélien,
Porta Asinaria,
IIIe-Ve siècle*

*Remparts
d'Aurélien,
Porta Maggiore
et Tombeau
d'Eurysace,
Ier siècle av. J.-C. -
Ier siècle ap. J.-C.*

*Remparts
d'Aurélien,
Porta Ostiense,
IIIe-Ve siècle*

*Remparts
d'Aurélien,
Pyramide
de Caïus Cestius,
12 av. J.-C.*

Voie Appienne

La *regina viarum* constitue sans aucun doute l'un des parcours les plus évocateurs de Rome en raison des monuments qui y subsistent encore aujourd'hui et du charme paisible de la campagne romaine, progressivement sacrifiée par la spéculation et en proie à la dégradation. Inaugurée en l'an 312 av. J.-C. par le censeur Appius Claudius l'Aveugle, qui utilisa le tracé préexistant, la voie reliait Rome à la Campanie. L'importance du parcours était soulignée par le nombre et la qualité des monuments funéraires et des superbes villas qui la bordaient.

À l'époque chrétienne, autour des catacombes, surgirent de très importants lieux de culte. Depuis 1988, elle a été transformée en Parc régional.

La Voie Appienne   *Catacombes de Saint-Sébastien, IIe-IVe siècle Basilique Saint-Sébastien*

Basilique et Catacombes de Saint-Sébastien

Dans cette structure, peut-être érigée pour abriter les corps des saints Pierre et Paul au IIIᵉ siècle, furent déposés au IVᵉ siècle les dépouilles du martyr saint Sébastien autour desquelles fut bâtie la basilique du même nom. En 1608-1613, elle fut reconstruite par Ponzio et Vasanzio suivant des schémas maniéristes simples et rigoureux. En 1933, la basilique antique fut partiellement reconstruite. Un escalier mène jusqu'aux catacombes de Saint-Sébastien – demeurées toujours accessibles et de ce fait mal conservées – qui présentent de nombreuses salles funéraires, dont certaines sont ornées de fresques.

Tombeau de Cecilia Metella

Cecilia était la femme de Crassus, fils du richissime triumvir. Ce colossal mausolée (de presque 30 mètres de diamètre et 11 mètres de haut) témoigne au plus haut point de la volonté d'affirmation des familles patriciennes durant les dernières années de la République (moitié du Iᵉʳ siècle

av. J.-C.). Le corps cylindrique est couronné d'une superbe frise en relief de marbre pentélique orné de festons et de bucranes. En 1302, avec l'ajout de créneaux gibelins, ce bâtiment devint la tour du château des Caetani (XIᵉ siècle) qui, non loin de là, s'étend au-delà de la voie appienne. L'église San Nicola Capo di Bove, dont on aperçoit les ruines sur la droite et qui constitue un rare exemple de style gothique à Rome, faisait partie de l'ensemble. Au bout de deux kilomètres d'une route traversant la superbe campagne parsemée de ruines et de sépultures, on découvre sur la gauche les imposants vestiges de la Villa des Quintili, érigée à partir du IIᵉ siècle, et qui – dès le XVIᵉ siècle – devint une véritable mine de pièces archéologiques. Un peu plus loin, on peut voir le tombeau plus connu sous le nom de Casal Rotondo en raison de la construction érigée en son sommet. Avant de parvenir à la voie rapide, qui brise la continuité de la voie appienne, on remarque une belle tour du XIIᵉ siècle.

Tombeau de Cecilia Metella, milieu du Iᵉʳ siècle av. J.-C.

Saint-Paul-hors-les-Murs

Érigée au IVe siècle, cette célèbre basilique aux formes monumentales – la plus grande de Rome après Saint-Pierre – fut enrichie au fil des siècles par de superbes œuvres d'art. En 1823, elle fut dévastée par un terrible incendie qui n'en épargna que le transept ainsi qu'une partie de la façade, ensuite démolie après la décision de la reconstruire « telle qu'elle était ». La basilique fut consacrée en 1854, mais les travaux continuèrent durant le siècle suivant. L'église est précédée d'un imposant quadriportique sur lequel donne une façade à l'aspect austère. L'intérieur s'impose aussitôt par l'ampleur des cinq nefs rythmées par les quatre-vingts colonnes en granit qui renvoient – malgré la froideur de la reconstitution –, aux colonnades des grandes basiliques romaines (161 mètres de long, 65 mètres de large ; avec une nef centrale de 30 mètres de haut et de 25 mètres de large). Tandis que les décorations du XIXe ne présentent pas un intérêt artistique particulier, ce qu'il reste de la célèbre basilique témoigne de sa splendeur d'antan. Au-delà de l'arc triomphal, aux mosaïques fortement restaurées, on remarque dans la partie « antique » l'élan gothique du superbe ciboire d'Arnolfo di Cambio (1284), caractérisé par un dynamisme ascensionnel tempéré par les membrures horizontales et par les sculptures classicisantes. Sous l'autel, se trouve la tombe de Paul (IVe siècle) et sur la droite, le riche

chandelier pascal, œuvre raffinée des Vassalletto (XIIᵉ siècle). La mosaïque de l'abside, très restaurée, remonte à environ 1220. Depuis les salles situées à droite du transept, où sont conservés les témoignages artistiques de la basilique antique, il est possible d'accéder au superbe cloître, dont les arcs sont soutenus par des colonnes géminées d'une fantaisie formelle et chromatique inépuisable, alternant avec des piliers qui soutiennent un entablement orné d'incrustations raffinées de marbre et de mosaïques polychromes. La partie la plus ancienne, réalisée entre le XIᵉ et le XIIᵉ siècle, est un chef-d'œuvre des Vassalletto.

Saint-Laurent-hors-les-Murs

L'aspect médiéval de la basilique remonte à l'époque d'Honorius III qui réunit, entre 1216 et 1227, deux bâtiments contigus en faisant abattre leurs absides. Le portique du XIIIᵉ siècle qui précède la façade fut probablement réalisé par la famille Vassalletto : une série de colonnes antiques en marbre avec des chapiteaux ioniques soutient un entablement orné de mosaïques et de disques en porphyre et en serpentin. Ces techniques et ces matériaux sont typiques de la Rome médiévale. Le recours aux protomés en forme de lion sur les corniches de l'avant-toit est de dérivation classique. Trois fenêtres cintrées ouvrent sur le couronnement central de la façade, qui doit son aspect actuel à une intervention ayant permis de remédier à des remaniements successifs.

*Saint-Paul-
hors-les-Murs,
intérieur et façade,
IVᵉ-XIXᵉ siècle*

*Saint-Laurent-
hors-les-Murs,
XIIIᵉ siècle*

Sainte-Agnès-hors-les-Murs

L'église, élevée en 342 sur le lieu de sépulture de la sainte, fut reconstruite au VIIe siècle et plusieurs fois restaurée. Du bâtiment d'origine il ne reste que l'imposante zone absidale.

L'intérieur, extrêmement raffiné, présente un plan basilical à trois nefs divisées par des colonnes antiques dotées de chapiteaux corinthiens.

Les élégants matronées, qui remontent au VIIe siècle, sont d'influence byzantine. Le plafond à caissons est de 1606. La semi-cuvette de l'abside présente une mosaïque figurant sainte Agnès dévorée par les flammes qui tient la maquette de l'église. La sainte est flanquée des papes Symmaque et Honorius. L'influence byzantine de la mosaïque est visible dans la schématisation formelle, l'aplatissement des figures rigidement frontales et l'abstraction du fond d'or à anneaux concentriques qui culmine dans la main de Dieu tendant la couronne du martyre.

Mausolée de Sainte-Constance

Bâti vers 340 pour les filles de Constantin, le mausolée de Sainte-Constance fut transformé en baptistère avant de devenir une église. Il représente l'un des exemples les plus significatifs de bâtiment à plan central, organisé autour de trois anneaux concentriques d'une hauteur croissante. L'entrée est précédée d'un vestibule ovale. L'harmonie de l'intérieur repose sur le rapport entre l'espace central – soutenu par douze superbes double colonnes radiales et éclairé par

douze grandes fenêtres – et le promenoir qui l'entoure, couvert d'une voûte en berceau ornée de superbes mosaïques. Ces dernières (dont les lacunes ont été fortement intégrées) s'inspirent en partie de l'iconographie chrétienne de la vendange, tout en restant encore liées à la tradition artistique classique. Les niches latérales, en partie recouvertes de mosaïques, présentent un rythme particulièrement remarquable.

Sainte-Agnès-hors-les-Murs,
IVᵉ-VIIᵉ siècle

Mausolée de
Sainte-Constance,
intérieur
début du IVᵉ siècle

Mausolée de
Sainte-Constance,
vue du promenoir;
début du IVᵉ siècle

Pages suivantes

Mausolée de
Sainte-Constance,
mosaïques
de la voûte
circulaire,
début du IVᵉ siècle

Traduit de l'italien par
Silvia Bonucci et Claude Sophie Mazéas
pour *Scriptum*, Rome

Coordination graphique
Dario Tagliabue

Mise en page
Alessandra Gallo pour *Scriptum*, Rome

Coordination éditoriale
Simona Oreglia

Rédaction
Claude Sophie Mazéas
pour *Scriptum*, Rome

Recherche iconographique
Valentina Minucciani

Coordination technique
Paolo Verri
Mario Farè

Références photographiques
Luca Mozzati, Milan
Giovanni Rinaldi, Rome
Galerie Borghèse, Rome
Galerie Doria Pamphilj, Rome
Atelier Photographique
des Musées du Capitole, Rome
Photo Musées du Vatican,
Vatican
Grzegorz Galazka, Rome
Giuseppe Schiavinotto, Rome

G.V. Faint/Image Bank
(pour la couverture)

L'éditeur est à la disposition
des ayants droit pour
les éventuelles sources
iconographiques non identifiées

www. electaweb.it

Ce volume a été imprimé pour le compte de Mondadori Electa S.p.A.,
auprès de l'établissement de Martellago Mondadori Printing S.p.A.,
via Castellana 98, Martellago (Venise) en 2005